Security-Awareness-Tools

Jill Wick

Security-Awareness-Tools

Für eine starke Sicherheitskultur

Jill Wick
Eggstrasse 14f, 8134, Adliswil, Schweiz

ISBN 978-3-658-51111-1 ISBN 978-3-658-51112-8 (eBook)
https://doi.org/10.1007/978-3-658-51112-8

Die Deutsche Nationalbibliothek verzeichnet diese Publikation in der Deutschen Nationalbibliografie; detaillierte bibliografische Daten sind im Internet über https://portal.dnb.de abrufbar.

Springer Vieweg ist ein Imprint der eingetragenen Gesellschaft Springer Fachmedien Wiesbaden GmbH und ist ein Teil von Springer Nature.
Die Anschrift der Gesellschaft ist: Abraham-Lincoln-Str. 46, 65189 Wiesbaden, Germany

Vorwort

Als ich zum ersten Mal von Security Awareness hörte, war mir sofort klar: Das ist mein Weg! Denn ich hatte sozusagen mein ganzes Leben lang dafür geübt. Wer sich jetzt fragt, wie das möglich ist, kann ich es gut verstehen. Es handelt sich um ein Thema, das komplett unterschiedliche Bereiche verbindet.

Mein Weg führte über verschiedene Stationen. Vor 15 Jahren stand ich mit einer Band auf der Bühne. Ich liebte die Kreativität, aber auch ein Erlebnis bieten zu können. Danach war ich lange im Bereich der Betrugsbekämpfung bei Kreditkarten tätig und mich faszinierte die Analyse von Transaktionslisten. Es schockierte mich wie massiv der Betrug mit dem Phishing-Muster anstieg. Daneben bildete ich mich berufsbegleitend weiter. Marketing interessierte mich, also absolvierte ich die Weiterbildung zur diplomierten Marketingmanagerin HF. Die Betrugsanalyse hatte mich jedoch bereits in ihren Bann gezogen und die Weiterbildung zur Wirtschaftspsychologin MSc FH führte mich schliesslich in den Bereich der Psychologie. Denn ich wollte der Thematik auf den Grund gehen. Wieso klicken Leute auf Phishing? Was passiert hier mit uns?

Das brachte mich schliesslich in die Bereiche Cybersicherheit und Awareness. Wer sich mit dem Berufsbild der Security Awareness näher befasst, bemerkt, wie interdisziplinär es ist. Es umfasst Kommunikationstätigkeiten, technische Grundlagen, eine Prise Showtalent und Kreativität. Hier bin ich angekommen und darf alle meine Erfahrungen kombinieren.

Das Buch ist aus meiner Beobachtung heraus entstanden, dass der Stand der Awareness in Unternehmen sehr stark variiert. Im Austausch mit der Awareness-Community durfte ich Einblicke in diverse Herangehensweisen, Projekte und Werkzeuge gewinnen. Mit diesem Buch möchte ich meinen Beitrag dazu leisten, den Stand etwas mehr auszugleichen.

Denn letztendlich machen wir alle das Gleiche. Wir arbeiten alle daran, dass Menschen in einer digitalen Welt sicher und selbstbewusst agieren können. Beginnen wir gemeinsam.

Jill Wick

Danksagung Dieses Buch wäre ohne die Unterstützung vieler Menschen nicht möglich gewesen. Mein tiefster Dank gilt der Security-Awareness-Community der Schweiz, die mich inspiriert hat, dieses Projekt umzusetzen. Ein besonderer Dank geht an Marcus Beyer und Mathias Toth, die das Kapitel der Schulungsformate mit Beispielen aus der Praxis von Swisscom und der ZHAW angereichert haben. Zudem möchte ich Katja Dörlemann danken, dass sie sich die Zeit genommen hat, über die spielerischen Formate bei Switch zu schreiben. Ebenfalls danke ich den Sicherheitsverantwortlichen der Viseca dafür, dass ich das Praxisbeispiel des Phantoms für dieses Buch nutzen durfte. Ein grosses Dankeschön gilt ebenfalls Ivano Somaini, der mit seiner Expertise zum Social Engineering das Kapitel zu Angriffssimulationen bereicherte. Ein spezielles Dankeschön gilt Sascha Maier von der SV Group, der selbst in die Tasten griff und mich beim Thema Branding tatkräftig unterstützte. Nicht zuletzt gilt mein Dank Chris Eckert, dessen Rat und Input ich für das Kapitel „Messbarkeit“ gewinnen durfte. Mit aufrichtigem Dank, Jill Wick.

Interessenkonflikt Der/die Autor*in hat keine relevanten Interessenskonflikte im Zusammenhang mit dieser Publikation.

Einleitung

Stellen Sie sich vor, Sie erhalten am Montagmorgen eine E-Mail von Ihrem CEO mit folgendem Inhalt: „Wir brauchen ein Security-Awareness-Programm. Können Sie das bis Ende des Quartals aufsetzen?“ Oder Sie sind bereits seit Jahren für das Thema Awareness verantwortlich, aber das Management fragt kritisch: „Was bringt uns das eigentlich konkret?“ Vielleicht stehen Sie auch vor einem Stapel verschiedener Awareness-Materialien und fragen sich: „Womit fange ich an? Was ist wirklich wichtig?“

Solche Situationen sind für Awareness-Verantwortliche an der Tagesordnung. Security Awareness hat sich von einem „Nice-to-have“ zu einem geschäftskritischen Erfolgsfaktor entwickelt. Während Cyberbedrohungen zunehmen und immer raffinierter werden, bleibt der Mensch sowohl das schwächste Glied als auch die stärkste Verteidigungslinie. Doch zwischen dem Bewusstsein für diese Wichtigkeit und einer erfolgreichen Umsetzung besteht oft eine grosse Lücke.

Die Anforderungen an Verantwortliche für das Thema Bewusstsein sind vielfältig. Sie führen Schulungen durch, sollen didaktische Ansätze beherrschen, technisch versiert sein, menschlich und empathisch wirken sowie über Marketing-Wissen für die Gestaltung von Kampagnen und die Analyse von Zielgruppen verfügen. Dazu kommt natürlich die Expertise im Bereich Cybersicherheit für die Inhalte und eine gewisse Kreativität schadet auch nicht.

Dieses Buch ist aus der Erkenntnis entstanden, dass Security Awareness mehr ist als gelegentliche Phishing-Tests oder jährliche E-Learnings. Es handelt sich um einen strategischen Kulturwandel, der geplant, messbar umgesetzt und kontinuierlich optimiert werden muss. Dabei geht es nicht um perfekte Theorie, sondern um praxiserprobte Ansätze, die in echten Unternehmen funktionieren.

Das Ziel der Cybersicherheit besteht darin, Informationen und Systeme so zu schützen, dass Vertraulichkeit, Integrität und Verfügbarkeit gewährleistet bleiben. Dadurch werden Angriffe, Datendiebstahl und Störungen verhindert oder zumindest minimiert. Mit den ersten Computer-Hacks in den 1950er und 1960er Jahren begannen Unternehmen, sich auch mit dem Thema Cybersicherheit auseinanderzusetzen. Die ersten Attacken waren weniger kompliziert und das digitale Umfeld noch nicht so vielfältig. In den letzten Jahrzehnten hat sich Cybersicherheit jedoch von einem Nischenthema der Informatik zu einem zentralen Aspekt der globalen Sicherheit entwickelt. Entlang dieser Entwicklung hat sich auch Cyber-Security-Awareness von einfachen Informationskampagnen zu einem zentralen Bestandteil der Cybersicherheitsstrategie gewandelt.

Vor allem in den 2000er- und 2010er-Jahren wuchs das Bewusstsein, den Faktor Mensch stärker in die Cybersicherheit zu involvieren. Studien zeigten damals, dass ein grosser Anteil aller Sicherheitsvorfälle menschliche Ursachen hat. Es wurde klar, dass technische Schutzmassnahmen allein nicht ausreichen, da Menschen durch Unwissenheit, Nachlässigkeit oder gezielte Manipulation (z.B. Social Engineering) oft zum beliebtesten Angriffspunkt in der Sicherheitskette werden. In der Folge wurde der Fokus stärker auf Schulungen, Sensibilisierung und den Aufbau einer Sicherheitskultur gelegt, um menschliche Fehler zu reduzieren und Mitarbeitende aktiv in die Abwehr von Cyberbedrohungen einzubeziehen.

Dies zeigt sich auch in den Entwicklungen von Sicherheitsstandards. Die ISO 27001 ist ein international anerkannter Standard, der die Anforderungen an ein Informationssicherheitsmanagementsystem (ISMS) festlegt, um Unternehmen systematisch zu schützen (*DIN EN ISO/IEC 27001*, 2023). Ursprünglich konzentrierte sich der Standard vorwiegend auf technische Vorgaben, Prozesse und Systeme.

In den letzten Jahren hat sich dieses Bild verändert. Awareness wird zunehmend als Führungsaufgabe verstanden und Normen beginnen, zielgruppenspezifische Kommunikation, Schulung und Kulturentwicklung zu adressieren. Während im Jahr 2013 regelmässige Grundschulungen für alle Beschäftigten die einzige Massnahme waren, fordert die aktuelle Fassung mehr Ressourcen für die Tätigkeit von Awareness-Verantwortlichen. Die Normen definieren rollenspezifische Anforderungen, zielgruppengerechte Vermittlung sowie die Nutzung verschiedener Kanäle (z.B. E-Learning, Präsenzveranstaltungen, Kommunikation im Arbeitsalltag), um Informationssicherheit wirkungsvoll und passgenau im Unternehmen zu verankern.

Das Thema wird generell immer wichtiger. Damit stellen sich nicht nur die Fragen, was kommuniziert werden soll, sondern auch, an wen, wie und mit welchem Ziel. Die Gründe für unsicheres Verhalten sind vielfältig. Es reicht nicht aus, Mitarbeitenden die Risiken zu erklären. Vielmehr rückt die Frage in den Vordergrund, wie Menschen individuell erreicht und aktiviert werden können.

Security Awareness hat demnach mehr mit Marketing gemeinsam als viele denken. Doch nur die wenigsten Security-Verantwortlichen haben einen Marketing-Hintergrund. Dieses Buch verbindet beide Welten und nutzt Marketing-, Trainings- und Schulungsmethoden, um nachhaltige Awareness-Programme zu konzipieren. Die Konzepte in diesem Buch haben teils „Prototyp-Charakter" und sollen in Ihrem Unternehmen umgesetzt, getestet und verfeinert werden. Denn erst in der Praxis zeigen sich die entscheidenden Nuancen. Jede Organisation hat ihre eigene Kultur, ihre spezifischen Herausforderungen und ihre individuelle Dynamik. Awareness lebt vom Experimentieren, bei dem Ansätze getestet, aus Reaktionen gelernt und kontinuierlich verfeinert werden.

Von den Grundlagen effektiver Kommunikation und Lernmethoden bis hin zur messbaren Bewertung von Programmerfolgen bietet dieses Buch Ihnen einen umfassenden Werkzeugkasten für Security Awareness. Sie lernen, wie Sie Zielgruppen richtig analysieren, Inhalte entwickeln, die ankommen, und Programme aufbauen.

Das Kapitel zur Messung und Bewertung von Awareness-Programmen ist besonders gut für die Praxis geeignet. Hier erfahren Sie, wie Sie nicht nur nachweisen können, dass Ihr Programm funktioniert, sondern auch, wie Sie es kontinuierlich verbessern und gegenüber dem Management rechtfertigen können.

Dieses Buch ist weder ein Leitfaden für die Erstellung eines Managementsystem für Informationssicherheit (ISMS) noch eine Hilfe für Risikoanalysen oder die reine Erfüllung von Compliance-Anforderungen. Es stellt auch keine fertigen Inhalte für Ihr Awareness-Programm zur Verfügung. Die konkreten Inhalte zu Passwortsicherheit und anderen Themen werden basierend auf Ihren Unternehmensrichtlinien selbst erarbeitet. Für die Grundlagen der Security Awareness empfehle ich die ausgezeichneten Bücher von Kristin Weber und Martin Pils.

Egal, ob Sie gerade in die Welt der Awareness einsteigen oder bereits erfahren sind, dieses Buch richtet sich an alle, die den Faktor Mensch in der Cybersicherheit stärken wollen. Security Officers, IT-Verantwortliche, Compliance-Manager, HR-Professionals und alle, die Verantwortung für die Sicherheitskultur in ihrem Unternehmen tragen, finden hier praxisnahe Unterstützung.

Es ist besonders nützlich für all jene, die sich beim Lesen von Grundlagenbüchern die folgenden Fragen stellten: „Wie erkenne ich meine Zielgruppe?", „Wie sieht eine optimale Gamifizierung aus?" oder „Gibt es eine Checkliste, die alles vereinfacht?"

Security Awareness ist eine Reise. Es geht nicht darum, einmal ein perfektes Programm zu erstellen, sondern kontinuierlich dazuzulernen, Anpassungen vorzunehmen und Verbesserungen umzusetzen. Dieses Buch soll Sie auf dieser Reise begleiten. Es bietet Ihnen bewährte Methoden, neue Perspektiven und die Grundlagen, um Ihren Werkzeugkasten zu erweitern.

Inhaltsverzeichnis

Zielgruppen und Personas 1

1.1 Abstract

Damit eine Security-Awareness-Kampagne effektiv ist, ist ein klares Verständnis der Zielgruppe erforderlich. In diesem Kapitel wird anhand eines Praxisbeispiels gezeigt, welche Schwierigkeiten beim Einschätzen der richtigen Zielgruppe bestehen. Um dieser Herausforderung zu begegnen, werden bewährte Marketing-Tools wie die Persona-Bildung und das skalierbare Sechs-Schritte-Framework herangezogen. Das Framework ist darauf ausgelegt, dass es auch in grösseren Unternehmen in einem sinnvollen Zeitrahmen durchgeführt werden kann. Es umfasst die folgenden sechs Schritte: 1) Ziele und Risiken identifizieren, 2) Personas entwickeln, 3) Bedarfe analysieren und Personas definieren, 4) Inhalte entwerfen und entwickeln, 5) Umsetzung sowie 6) Evaluation.

Die Persona-basierte Herangehensweise in der Security Awareness stellt einen wichtigen Paradigmenwechsel dar. Sie geht von der Annahme weg, dass reine Wissensvermittlung ausreicht, und hin zu einem nuancierten Verständnis der verschiedenen Zielgruppen und ihrer spezifischen Bedürfnisse.

1.2 Einführung

Oft zeigt sich erst bei der Umsetzung, wie die verschiedenen Zielgruppen auf die Inhalte reagieren. Ein Beispiel, das die Autorin selbst erlebt hat, war die mehrwöchige Awareness-Challenge. Diese wurde als Kampagne für den „Security

J. Wick, *Security-Awareness-Tools*,
https://doi.org/10.1007/978-3-658-51112-8_1

Awareness Month" im Oktober konzipiert. Die vierteilige Challenge begleitete die Teilnehmenden anhand von Hinweisen und Rätseln durch die Unternehmenssysteme. Sie mussten E-Mails analysieren, Hinweise suchen und Tools wie den Passwortmanager nutzen. Das Ziel bestand darin, Security-Wissen auf spielerische Weise zu vermitteln und gleichzeitig Aufmerksamkeit für aktuelle Bedrohungen zu schaffen.

Dabei schwebte der Autorin eine jüngere, spielerische Mitarbeitergruppe als Zielgruppe vor. Beispielsweise Kolleginnen aus den Bereichen Marketing und Kommunikation. Die Rückmeldungen waren überraschend, denn die Challenge fand vor allem in den IT-Abteilungen Anklang. Im Nachhinein wurde ihr klar, weshalb das so war. Die Art der Challenge erinnerte stark an Formate, die in der IT--Welt beliebt sind, wie Wettbewerbe, Quests, Capture the Flags (CTFs) und Rätsel. Diese Erkenntnis war überaus spannend, da diese Zielgruppe sonst eher schwierig mit Awareness-Kampagnen zu erreichen war.

Diese Erfahrung zeigte, dass die richtige Einschätzung von Zielgruppen schwieriger ist als gedacht und dass Testen ein wichtiger Faktor ist. Zielgruppen lassen sich durch Beobachtung, das bewusste Ausprobieren verschiedener Formate und Feedback aus dem Alltag definieren.

1.3 Toolkit Persona-basierte Awareness

Marketing und Security Awareness haben mehr gemeinsam, als man auf den ersten Blick vermuten würde. Der Ansatz „Wir müssen den Leuten nur die Risiken erklären" greift zu kurz. Damit stellt sich nicht nur die Frage, was kommuniziert werden soll, sondern auch, an wen, wie und mit welchem Ziel.

Diese Entwicklung spiegelt sich auch in der psychologischen Forschung wider. Bada et al. (2019) schrieben dazu die Arbeit „Cyber Security Awareness Campaigns: Why do they fail to change behaviour?" Die Autoren stützen sich dabei auf psychologische Modelle. Diese zeigen, dass Wissen allein nicht genügt. Einstellungen, Überzeugungen, soziale Einflüsse und die wahrgenommene Kontrolle über das eigene Verhalten spielen eine entscheidende Rolle. Nur so lassen sich Einstellungen und letztlich auch das Verhalten effektiv beeinflussen.

Nachhaltige Awareness erfordert demnach neben guten Inhalten auch ein klares Verständnis für die Zielgruppen und ihre kommunikativen, sozialen und kulturellen Unterschiede. In jeder Unternehmung gibt es bestimmte Gruppen und

Archetypen, die identifiziert werden können. Dafür ist das Prinzip der Persona-Bildung ein geeignetes Instrument. Durch die Darstellung von Archetypen können Personas Einblicke in die spezifischen Bedürfnisse und Verhaltensweisen der Zielgruppe in Bezug auf das Sicherheitsbewusstsein geben.

In diesem Abschnitt werfen wir einen Blick auf Tools zur Zielgruppensegmentierung und Persona-Erstellung, die aus dem Marketing abgeleitet wurden.

In sechs Schritten zur Persona-basierten Awareness

In der Arbeit „Persona-centred Information Security Awareness" von Ki-Aries und Faily (2017) wird ein Framework zur Erstellung von Personas vorgestellt. Während klassische Zielgruppenmodelle zu starr sind, zeigt dieser Ansatz, wie man mit Personas arbeiten kann, ohne den situativen Kontext auszublenden. Denn Sicherheitsrisiken entstehen zwar durch das Verhalten der Person, werden aber auch durch die Situation, in der sie sich gerade befindet, beeinflusst.

Diese Herangehensweise ist in erster Linie für grössere Unternehmen nützlich, die nicht die Ressourcen und Möglichkeiten haben, auf jede einzelne Person, ihre Risiken und bestimmten Situationen einzugehen. Es handelt sich um ein skalierbares Schema, das jedoch mehr berücksichtigt als die klassischen Zielgruppenmodelle und als iterativer Prozess angewendet werden sollte.

Die Methode umfasst sechs fortlaufende Schritte, die in 90-Tage-Zyklen durchgeführt werden können (1. Ziele und Risiken des Awareness-Programmes identifizieren, 2. Personas entwickeln, 3. Analyse der Personas und Bedarf definieren, 4. Entwurf und Entwicklung der Inhalte, 5. Umsetzung, 6. Evaluation und Feedback-Schleifen).

Dabei ist zu beachten, dass Personas und Zielgruppen nicht zwingend nach Abteilungen definiert werden müssen. Es können auch bestimmte Tendenzen sein, wie z. B. eine hohe Hilfsbereitschaft, Stellen mit hohem Stresslevel, wenig technisches Wissen, wenig Teamkontakt, da remote angestellt, oder hoch motivierte Angestellte und Sicherheits-Botschafter:innen.

Im folgenden Abschnitt werden die einzelnen Schritte zur Entwicklung von Personas genauer erläutert.

1. **Ziele und Risiken identifizieren**

Bevor Zielgruppen oder Personas definiert werden können, muss feststehen, welche Ziele mit dem Security-Awareness-Programm verfolgt werden sollen. Diese

Analyse sollte auf der vom Unternehmen erstellten Risikoanalyse basieren. Typische Awareness-Themen sind unter anderem Social-Engineering-Angriffe, Cyberhygiene, Adminrechte, Ransomware, der korrekte Umgang mit sensiblen Daten, Schwachstellenmanagement und typische Branchengefahren.

2. **Personas entwickeln**

Um an Daten über die Zielgruppe zu gelangen, gibt es zwei Möglichkeiten: Entweder werden die Zielpersonen direkt befragt oder es werden Daten über sie recherchiert und analysiert. In der Marktforschung wird in diesem Zusammenhang auch von „Primär"- und „Sekundär"-Daten gesprochen (*Marktforschung,* 2017).

Primärdaten, werden erhoben und sind beispielsweise hier zu finden:

- Phishing-Simulationen und Tests
- Umfragen und Interviews
- Feedback aus Trainings und Events

Sekundärdaten sind bereits vorhanden und unter anderem in den folgenden Quellen zu finden:

- Organigramm
- Auswertung vergangener Sicherheitsvorfälle
- Kundensysteme, Reklamationen
- Auditergebnisse, Berichte

Dazu können externe Quellen wie Berichte des Bundes, von Branchenverbänden, Sicherheitsexperten sowie amtliche Berichte und Statistiken hinzugezogen werden.

Nach der Analysephase kann das Persona-Kurzprofil ausgefüllt werden. Die folgende Steckbrief-Vorlage eignet sich als strukturierte Übersicht für mehrere Personas:

Persona-Kurzprofil für Awareness-Massnahmen

1. Name/Bezeichnung der Persona (fiktiv):
2. Typische Funktion/Abteilung:
3. Technisches Verständnis: □ Hoch □ Mittel □ Gering

4. Umgang mit sensiblen Daten: □ Häufig □ Gelegentlich □ Selten
5. Kontakt mit Externen (Kunden, Partnern): □ Ja □ Nein
6. Risikoverhalten/typische Schwächen (z. B. Phishing, Weitergabe, BYOD):
7. Lernbereitschaft: □ Hoch □ Mittel □ Gering
8. Motivation: □ Hoch □ Mittel □ Gering
9. Ton und Ansprache: □ Humorvoll □ Sachlich □ Kollegial
10. Kanäle: □ E-Mail □ Intranet □ Teammeeting □ Bildschirm □ Andere
11. Was soll sich verändern? (z. B. Passwortverhalten, Phishing-Erkennung):

3. **Analyse der Personas und Bedarf definieren**

Im dritten Schritt wird die erstellte Persona analysiert. Wie verhält sie sich aktuell? Wie sollte sie sich in Zukunft verhalten? Welche Sicherheitsrisiken gilt es zu kennen? Anhand dieser Analyse können die Sicherheitsrisiken im Awareness-Programm priorisiert werden.

4. **Entwurf und Entwicklung**

In diesem Schritt werden die Zielgruppen entworfen. Ein Beispiel ist in der folgenden Tab. 1.1 zu sehen. Darin sind fünf Personas dargestellt, die in ähnlicher Form in vielen Unternehmen vorkommen könnten:

Die in Tab. 1.1 aufgeführten Personas weisen unterschiedliche Ausprägungen in den entwickelten Dimensionen auf. So hat beispielsweise die Geschäftsführung nur ein geringes technisches Verständnis, während eine IT-Administratorin in diesem Attribut „hoch" ausgeprägt ist. Somit kann schnell und einfach eine Übersicht über passende Schulungsformate und Kommunikationskanäle gewonnen werden.

5. **Umsetzung und 6. Evaluation**

Nachdem die Zielgruppen ausgearbeitet wurden, können die entsprechenden Trainings durchgeführt werden. Im Anschluss an diese Sensibilisierungsrunde sollte die Wirksamkeit getestet werden, um die Personas kontinuierlich verbessern zu können. Informationen zu Messgrössen sind im Kapitel „Messbarkeit und Management-Reporting" zu finden. Im folgenden Kapitel zu Schulungsformaten werden Vorschläge für die Durchführung von Trainings und Schulungen gemacht.

Tab. 1.1 Personas und ihre Ausprägungen

	Dr. Andreas Berger	Julia Nguyen	Sandra Müller	Leonie Fischer	Peter König
Funktion	Geschäfts-führung	IT-System-Administration	Finanzbuchhaltung	Filialleitung Einzelhandel	Produktion
Technisches Verständnis	Gering	Hoch	Mittel	Mittel	Gering
Daten-Umgang	Häufig	Häufig	Häufig	Gelegentlich	Selten
Externer Kontakt	Ja	Nein	Gelegentlich	Ja	Nein
Typische Schwächen	Social Engineering, Phishing, Lauschangriff	Admin-Angriffe, Passwortweitergabe	Phishing, CEO-Fraud	Geräteverlust, Social Engineering	Passwortweitergabe
Lern-Bereitschaft	Mittel	Hoch	Mittel	Mittel	Niedrig
Motivation	Pflicht, Verantwortung, Vorbild	Interesse, Verantwortung	Pflicht, Compliance	Kundensicherheit, Pflicht	Vermeidung von Fehlern
Ton Ansprache	Sachlich	Kollegial, direkt	Praxisnah	Kollegial	Einfach, visuell
Kanäle	E-Mail, Persönlich	Intranet, Tech--Newsletter, Tiefgehende Inhalte, Workshops	E-Mail, Teammeeting, Quiz, Kurze Videos	Mobile App, Workshop, Videos, Fallbeispiele	Schwarzes Brett, Bildschirm, Poster, einfache Videos
Verhaltensziel	Sensibilisierung für gezielte Angriffe	Sicherer Umgang mit Admin-Zugängen	Erkennen von Phishing und Anomalien	Vorsicht bei mobilen Geräten und Kundendaten	Grundverständnis für sichere Verhaltensweisen

1.4 Abschluss

Die Persona-basierte Herangehensweise im Bereich der Security Awareness kann Verantwortliche dabei unterstützen, sich systematisch mit ihrer Zielgruppe auseinanderzusetzen. Denn nicht alle haben die gleichen Bedürfnisse und Risiken in einer Unternehmung. Die praktische Erfahrung mit der eingangs erwähnten Awareness-Challenge hat gezeigt, dass Annahmen über Zielgruppen oft überraschend sein können. So kann ein nuanciertes Verständnis gewonnen werden. Dies erfordert jedoch eine kontinuierliche Evaluation und kann aufwendig sein. Das von Ki-Aries und Faily (2017) vorgestellte Sechs-Schritte-Framework bietet einen strukturierten, skalierbaren Ansatz. Dieser ermöglicht es, Awareness-Programme gezielt und mit möglichst geringem Aufwand auf die verschiedenen Ansprechgruppen im Unternehmen auszurichten.

Die folgenden Kapitel werden sich damit beschäftigen, wie diese theoretischen Grundlagen in konkrete Schulungsformate umgesetzt und deren Wirksamkeit gemessen werden können.

Literatur

Bada M, Angela MS, Jason RC (2019) Nurse. „Cyber Security Awareness Campaigns: Why do they fail to change behaviour?" arXiv, 9. Januar. https://doi.org/10.48550/arXiv.1901.02672

Ki-Aries Duncan, Shamal Faily (2017) „Persona-centred information security awareness". Computers & Security 70 (1. September): 663–74. https://doi.org/10.1016/j.cose.2017.08.001

„Marktforschung für Marketing (2017) - und Verkaufsverantwortliche – ter Hofte-Fankhauser, Kathrin; Wälty, Hans F. - Buchzentrum", 1. Januar. https://www.buchzentrum.ch/de/detail/ISBN-9783715575544/ter-Hofte-fankhauser-Kathrin/Marktforschung-f%C3%BCr-Marketing--und-Verkaufsverantwortliche?bpmctrl=bpmrownr.1%7Cforeign.709321-1-0-708118%3A737235%3A634241

2 Schulungsformate und digitale Lernmethoden

2.1 Abstract

Cybersicherheitsschulungen gehören meist nicht zu den beliebtesten Aufgaben, die Mitarbeitende in einem Unternehmen haben. Sie werden oft als lästige Pflichtübung angesehen und haben ein schlechtes Image. Deshalb ist es für Sicherheitsbeauftragte umso wichtiger, Inhalte zu entwickeln, die in Erinnerung bleiben und emotional berühren.

In diesem Kapitel wird anhand von zwei Praxisbeispielen demonstriert, wie erfolgreiche Schulungen und Kampagnen entwickelt werden können und welche Tools bei der Swisscom und ZHAW zur Anwendung kommen. Die Telekommunikationsunternehmung Swisscom setzt mit ihrem Security-Awareness-Verantwortlichen Marcus Beyer auf eine beeindruckende Vielfalt an interaktiven und Storytelling-Elementen bis hin zu gamifizierten Trainings und nicht zuletzt auf den jährlichen, beliebten Hacktober. Die Zürcher Hochschule für Angewandte Wissenschaften (ZHAW) und ihr Verantwortlicher für Security Awareness, Mathias Toth, demonstrieren einen Best-Practice-Ansatz für eine durchdachte Kampagne mit Wiedererkennungswert. Diese spielt sich in einer Unterwasserwelt ab und schafft durch Elemente wie einen Adventskalender, Sammelsticker, einen beliebten Newsletter, eine Roadshow und ein Security Breakfast eine emotionale Bindung zu den Kampagnen-Elementen.

Das 5-Fragen-Framework bietet anschliessend einen strukturierten Analyseansatz für Verhaltensänderungen, der auf dem COM-B-Modell (Capability, Opportunity, Motivation) basiert. Mithilfe der Fragen nach dem Was, Wie und Bis wann sowie den individuellen Anreizen und Barrieren werden die Verhaltensänderungen

J. Wick, *Security-Awareness-Tools*,
https://doi.org/10.1007/978-3-658-51112-8_2

analysiert. Es unterstützt Sicherheitsverantwortliche dabei, das passende Format zu wählen. Dieses Vorgehen verhindert, dass Probleme zu schnell mit Standard-E-Learnings als Lösung abgetan werden, obwohl die Ursache ganz woanders liegt.

2.2 Einführung

Die jährliche Cybersicherheitsschulung wurde nur noch durchgeklickt. Nach dem dritten Jahr derselben Schulung war das Interesse stark gesunken. Was sollte getan werden? Ein E-Learning-Programm kaufen? Sollte nächstes Jahr ein neues Programm angeschafft werden? Es sollte interaktive Elemente, Quizfragen und den wichtigsten Teil enthalten: Humorvolle Intro-Clips mit je zehn Mitarbeitenden zu jedem Themenblock, die Fragen zum Thema beantworteten. Die Mitarbeitenden stammten aus unterschiedlichen Abteilungen, was es am Ende besonders spannend machte. Denn fast jeder kannte jemanden aus den Videos und konnte sich damit sofort identifizieren.

Die Studie von He und Zhang (2019) identifiziert die Hauptprobleme von Awareness-Schulungen wie folgt:

- Trockenen Richtlinien
- Nicht überspringbare Videos
- Langweilige Trainingsprogramme
- Generische und nicht aufgabenrelevante Inhalte
- Die Notwendigkeit regelmässiger Aktualisierungen
- Es fehlt der Einbezug von Mitarbeitenden-Feedback
- Eine Vernachlässigung diverser Lernstile und Bedürfnisse
- Fehlende Anreize und Belohnungen, die die Motivation zur Teilnahme mindern

In erster Linie möchten Mitarbeitende ihre Arbeit erledigen und haben daneben nur wenig Aufmerksamkeit für andere Themen übrig. Die Herausforderung für den Bereich Cyber-Security besteht daher darin, die Aufmerksamkeit auf ein Thema zu lenken, das für viele nicht sehr attraktiv ist, da die vielen Regeln auch bedeuten, dass viel falsch gemacht werden kann.

Mitarbeitende sollten Cyber-Security-Schulungen als positiven Übungsrahmen und nicht als Bestrafung betrachten. Das Ziel der Schulungen besteht darin, positive Verhaltensänderungen zu bewirken. Dies gelingt durch individualisierte und spannende Ansätze, die die Mitarbeitenden aktiv einbeziehen und Frust sowie vertrauensverlust vermeiden.

In diesem Kapitel wird anhand von zwei Praxisbeispielen demonstriert, wie erfolgreiche Schulungen und Kampagnen entwickelt werden können und welche Tools bei der Swisscom und ZHAW zur Anwendung kommen. Die Telekommunikationsunternehmung Swisscom setzt mit ihrem Security-Awareness-Verantwortlichen Marcus Beyer auf eine beeindruckende Vielfalt an interaktiven und Storytelling-Elementen bis hin zu gamifizierten Trainings und nicht zuletzt auf den jährlichen, beliebten Hacktober. Die Zürcher Hochschule für Angewandte Wissenschaften (ZHAW) und ihr Verantwortlicher für Security Awareness, Mathias Toth, demonstrieren einen Best-Practice-Ansatz für eine durchdachte Kampagne mit Wiedererkennungswert.

Im anschliessenden Teil des Toolkits gewinnen die Lesenden mithilfe des 5-Fragen-Frameworks einen Einblick in einen systematischen Ansatz zur Festlegung des Schulungsbedarfs und Auswahl der besten Massnahmen.

2.3 Praxiseinblick: Training und Awareness bei der Swisscom

Marcus Beyer hat schon fast 20 Jahre Erfahrung gesammelt im Awareness-Bereich und ist bei der Swisscom für Security Awareness, Training und Kultur zuständig. Er beschreibt seine Herausforderung wie folgt: „Wir haben ja immer ein Ziel: das Human Behavioral Risk zu minimieren, also das unsichere Verhalten von Mitarbeitenden zu minimieren. Und zusätzlich die Mitarbeitenden zu motivieren, Vorfälle ohne Angst auch zu melden."

Um dieses Ziel zu erreichen, setzt die Swisscom auf eine beeindruckende Vielfalt an Formaten und Tools. In diesem Abschnitt werden die wichtigsten Erkenntnisse aus dem Experteninterview mit Marcus Beyer präsentiert, in dem er den Nutzen und die Vorteile der eingesetzten Schulungsformate bei der Swisscom erläutert.

Welche Schulungsformate nutzt Swisscom und welche Grundlagen sind dabei wichtig?

„Was ich immer wichtig finde bei Trainings, tatsächlich was man sich ganz, ganz gross auf die Fahnen schreiben muss, ist, es muss attraktiv sein. Und das heisst für mich: Attraktivität vor Inhalt. Wenn das Training nicht rockt, wenn das die Leute nicht catcht, wenn es die Leute nicht emotional berührt, ist es egal, welche Inhalte wir vermitteln wollen."

Dieser Ansatz spiegelt sich in der breiten Palette der eingesetzten Tools wider. Diese reicht von einfachen Videos bis hin zu komplexen Gaming-Elementen.

Direkte Schulungsformate:

- Interaktive Videos: Mit Storytelling-Elementen und aktiven Entscheidungen
- Escape Rooms: Security-spezifische Escape Rooms
- Tabletop Games: „Hack Attack“ und „Cyber Hero“
- Learning Journey: mehrstufiger Lernpfad mit verschiedenen Elementen
- Personalisierte Trainings: Mit vier verschiedenen Personas/Zielgruppen
- Gamifizierte Online-Trainings und Phishing-Simulationen
- Technische Trainings auf einer digitalen Plattform für eine inhaltliche Tiefe der Cyber-Security-Spezialisten und zum Aufbau von Fachkräften
- Führungskräfte-Programme: „Security Enforcer“-Programm
- Security Champions Ausbildung: Mit Zertifizierung

Ergänzende Formate und Tools

- Teaser-Videos: Mit animierten Illustrationen
- CTF-Wettbewerbe (Capture the Flag)
- Hacktober-Kampagne: einmonatiges Community-Event mit befreundeten Schweizer Unternehmen, Security-Sessions und CTF-Events
- Kartenspiele: „Cards Against Cyber Security“
- Video-Porträts „Ein Espresso mit …“ von Mitarbeitenden mit einem Stake in Security-Themen bei Swisscom
- Quick Guides/Broschüren
- Awards: „Goldene Minerva“ für Mitarbeitende

Kommunikations- und Sensibilisierungsformate:

- Intranet-Artikel
- Teams-Kanäle: Für Austausch und Information
- Security-Mailings als Newsletter (quartalsweise)
- Sticker/Merchandise
- Welcome-Day-Präsentationen: Für neue Mitarbeitende

* Beim Capture the Flag (CTF) im Bereich der Cybersicherheit handelt es sich um einen Wettbewerb, in dem die Teilnehmenden Sicherheitslücken in speziell vorbereiteten Computersystemen oder Programmen suchen und ausnutzen, um eine sogenannte „Flagge“ (eine versteckte Textdatei oder Zeichenkette) zu finden.

Marcus Beyer unterscheidet dabei zwischen „Training“ und „Sensibilisierung/Kommunikation“. Viele Formate sind bewusst an der Grenze zwischen diesen beiden Bereichen angesiedelt.

Den Einstieg in sein Awareness-Programm machte Marcus damals, im Jahr 2020, mit einem interaktiven Video zum Thema Cloud-Nutzung und Schatten-IT. Das Video enthält Swisscom-spezifische Elemente und erfordert aktive Entscheidungen der Nutzenden. Dadurch erzeugt es mehr Engagement als passive Inhalte.

Parallel dazu entwickelte Marcus das Videoformat „Ein Espresso mit …", in dem Mitarbeitende von Swisscom persönliche Geschichten erzählen, die eine Verbindung zu Security haben oder bei Group Security für bestimmte Themen verantwortlich sind. „Aber ich habe natürlich parallel dazu ganz viel im Intranet kommuniziert. Ich habe angefangen, Leute hinter Security zu porträtieren."

In diesen Video-Porträts werden Mitarbeitende vorgestellt, die sich mit dem Thema Security befassen. Sie schaffen eine persönliche Verbindung und zeigen Security als menschliches Thema. Zusätzlich setzte das Team auf Teaser-Videos mit animierten Illustrationen, die die statischen Swisscom-Figuren zum Leben erweckten und eine zusammenhängende Geschichte erzählten.

Wie setzt die Swisscom Gamification ein?

Gamification spielt eine zentrale Rolle im Swisscom-Ansatz gegen Phishing. Durch den Einsatz von Hoxhunt wurden spielerische Elemente in die Phishing-Simulationen integriert. „Das ist halb gamifiziert. Die kriegen halt ihre drei Sterne, wenn sie ihr Training machen. Auch wenn es verpflichtend ist, kriegen sie trotzdem ihre drei Sterne. Und das war für viele wichtig und relevant, wenn auch nicht für alle."

Die hohe Akzeptanz des gamifizierten Tools und der darin enthaltenen E-Learning-Einheiten ermöglichte die Schulung von 23.000 Mitarbeitenden innerhalb kürzester Zeit. Die Erfüllungsquote lag bei beeindruckenden 87 %.

Welche CTFs und Challenges organisiert die Swisscom?

Der Hacktober ist im Rahmen der Awareness-Aktivitäten der Swisscom bereits zur Tradition geworden und bezieht auch andere Unternehmen mit ein. „Wir machen unseren gesamten Hacktober schon seit fünf Jahren. Das ist dann eine dedizierte eigene Plattform, die uns immersive zur Verfügung steht. Wir machen das auch mit anderen Unternehmen zusammen. Mittlerweile sind es 26 Organisationen, die beim Hacktober mitmachen." In Abb. 2.1 sind Eindrücke der grafischen Darstellung des Hacktobers 2025 sowie konzentrierte Momente während der Durchführung der Challenge zu sehen. Links unten auf dem Bild ist zudem der Live-Stream zu sehen. Über diesen sind die Teilnehmenden während des Hackathons virtuell zugeschaltet und können sich gegenseitig sehen, wodurch ein zusätzliches Community-Gefühl entsteht.

Abb. 2.1 Der Hacktober ist bei der Swisscom schon eine Tradition und auch bei den Partnern sehr beliebt

Einzelne Abteilungen entwickeln ausserdem eigene Capture-The-Flags (CTFs): „Die First Line sagt dann: ‚Wir machen jetzt zum Beispiel einen Easter-Egg-CTF‘, und dann erstellen wir eine Collection auf Immersive Labs aus unserer Plattform für diesen Easter-Egg-CTF."

„Was ich beim Training ja auch mache, was auch in meiner Verantwortung liegt, ist nicht nur die Breite, sondern auch die Tiefe zu bespielen. Für die Tiefe, gerade für unsere Security-Spezialistinnen und -Spezialisten, haben wir Immersive Labs im Einsatz. Da machen wir dann ein Tiefen-Training. Dabei mache ich nichts selbst. Ich erstelle keinen einzigen Kurs. Was ich mache, ist, ich kuratiere sogenannte Collections. Dazu sage ich zu einem bestimmten Thema, zum Beispiel meine Security Champions, dass sie bestimmtes Fachwissen haben müssen. Dafür kuratiere ich bestehende Kursinhalte in eine Collection. Aber Immersive Labs hat auch Tausende unterschiedliche Lernpfade, die alle sehr tricky sind!"

Mitarbeitenden uneingeschränkten Zugang zur Plattform. Diese Strategie führt zu einer bemerkenswerten freiwilligen Nutzung, auch ausserhalb der Arbeitszeit. Laut Marcus dient dieser Ansatz auch der Identifizierung von Talenten, da Lernende und technikaffine Mitarbeitende die Plattform nutzen, um ihre Kenntnisse im Bereich Security zu vertiefen oder berufliche Zertifizierungen zu erwerben.

Welche Ausbildungswege und Champion-Programme habt ihr bei Swisscom entwickelt?

Im Gegensatz zu „Security Ambassadors" haben die „Security Champions" bei der Swisscom tatsächlich eine Aufgabe. Es ist nicht einfach nur: Du bist Ambassador. Ich bin ja auch Brand-Employee-Ambassador. Das heisst, ich trage gern und mit Überzeugung Merchandise-Artikel von Swisscom und halte die Swisscom-Fahne hoch. Die Security Champions machen das für die Security und haben auch tatsächlich richtige Aufgaben und Beschreibungen in ihrem Rollenprofil. Sie müssen beispielsweise dafür sorgen, dass Security-Backlogs geführt werden, dass Risiken angemessen erfasst werden und dass es für unsere Produkte und Services Security-Konzepte gibt. Sie schauen auch genauer hin. Sie erhalten auch eine spezielle Ausbildung für ihre Rolle als Security Champion. Diese muss jedes Jahr neu zertifiziert werden. Das ist dann nicht so klassisch „Ambassador", sprich „gut über uns", sondern „Ambassador Plus". Aber in jedem Team.

Mit 460 Security Champions verfügt Swisscom über ein beeindruckendes Netzwerk. Die Champions erhalten eine spezielle Ausbildung und müssen sich jährlich neu zertifizieren lassen. Für Führungskräfte gibt es das „Security Enforcer"-Programm, das im Rahmen des allgemeinen Leadership-Programms vier Schritte für sichere Projekte vermittelt.

Wie gestaltet Swisscom zielgruppenspezifische E-Learnings?

„Wir hatten im verpflichtenden Jahrestraining 2022 und 2023 beispielsweise vier Personas. Diese haben als unterschiedliche Personen in Videos mitgespielt. Diese vier Personas beschreiben die klassischen Arbeitsgebiete bei Swisscom: Einmal die Tech-Mitarbeitenden, also Mitarbeitende mit einer technischen Orientierung, dann die klassischen Knowledge-Worker, zusätzlich Mitarbeitende am Touchpoint oder im Kundenkontakt und natürlich die Führungskräfte."

Abb. 2.2 zeigt die auf die vier Zielgruppen zugeschnittenen Inhalte. So wurden Führungskräfte mit Phishing-Szenarien konfrontiert, die den Schwerpunkt auf

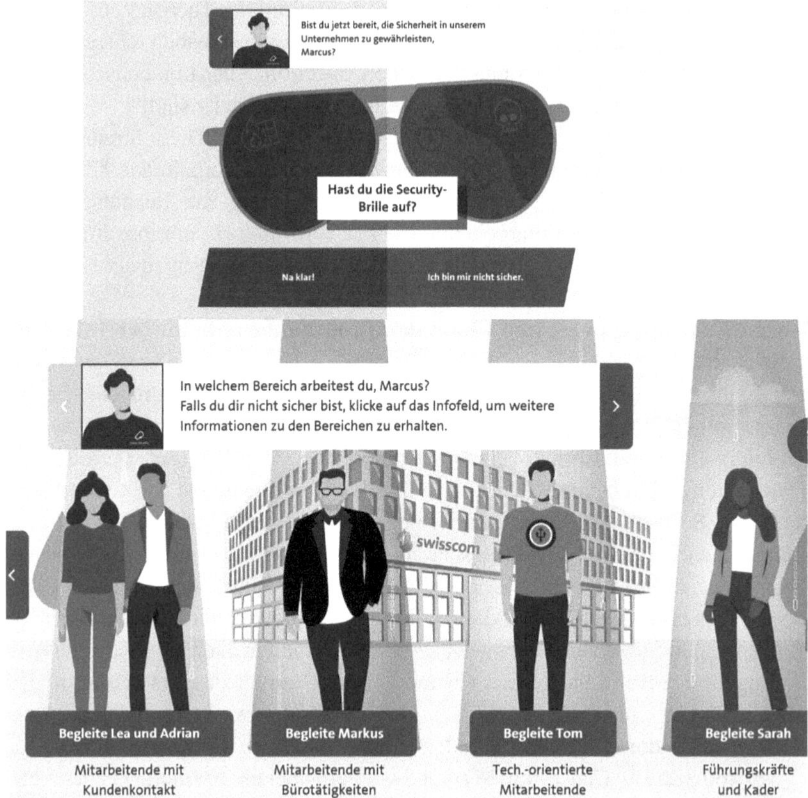

Abb. 2.2 Die Trainingsinhalte sind anhand von vier Personas zielgruppenspezifisch aufgebaut

Business-E-Mail-Compromise legten. Knowledge-Worker waren dagegen Phishing-Szenarien ausgesetzt, die den Schwerpunkt auf Identitätsdiebstahl und Credential-Harvesting legten. Zusätzlich zur inhaltlichen Differenzierung wurde eine persönliche Ansprache implementiert. Ein virtueller Erzähler namens Henry begrüsst die Teilnehmenden, fragt nach ihrem Namen und spricht sie während des gesamten Trainings direkt mit diesem Namen an. Diese scheinbar einfache Personalisierungstechnik führte zu durchweg positivem Feedback der Mitarbeitenden, die sich dadurch direkt angesprochen und wertgeschätzt fühlten.

Wie setzt die Swisscom Serious Games und spielerische Formate ein?
Die Swisscom setzt bewusst auf verschiedene Serious Games und spielerische Formate, die über klassische digitale Gamification hinausgehen. Marcus beschreibt die Wirkung dieser Formate, insbesondere beim Cyber-Security-Escape-Room, wie folgt: „Ist der Escape Room ein Training? Nein, der Escape Room ist einfach völlig geil und total cool. Und es macht Spass, das zu machen. Die Leute kommen mit strahlenden Gesichtern aus diesen Escape Rooms, sie sind total begeistert. Natürlich lernen sie dabei etwas. Natürlich nehmen sie durch das Lösen der Rätsel etwas mit."

Abb. 2.3 zeigt Eindrücke aus dem in Hackergrün gehaltenen Escape-Room, das verschlüsselte Gerät und das Walkie-Talkie, über das Tipps durchgegeben werden können, wenn die Teilnehmenden nicht weiterkommen.

Marcus betont, dass es sich dabei um ein echtes Training handelt, bei dem die Teilnehmenden ihr zuvor erlerntes Wissen praktisch anwenden müssen, um die verschiedenen Aufgaben und Rätsel zu lösen. Diese Form des erfahrungsbasierten Lernens bietet die Möglichkeit, theoretisches Security-Wissen in einer spielerischen, aber dennoch anspruchsvollen Umgebung zu testen und zu festigen.

Beim Tabletop-Game setzte die Swisscom auf eine Adaption eines bewährten Formats: „Wir haben das Hack Attack Tabletop Game von der deutschen Post DHL für uns adaptiert." (Abb. 2.4 rechts und unten) Diese physischen Spielformate ermöglichen es Gruppen, gemeinsam Security-Szenarien durchzuspielen und dabei sowohl zu lernen als auch Team-Building zu betreiben.

Das Portfolio wird durch das Kartenspiel „Cards Against Cyber Security" ergänzt. Es erinnert im Spielprinzip an „Cards Against Humanity", ist jedoch spezifisch auf Cybersecurity-Themen ausgerichtet. Aktuell arbeitet das Team an der Entwicklung eines eigenen Brettspiels namens „Cyber Hero" (Abb. 2.4 links oben), das sich noch im Prototypstadium befindet. Es kombiniert Elemente klassischer Brettspiele wie das Leiterspiel mit modernen Spielmechaniken und sicherheitsrelevanten Inhalten und schafft so eine neue Form des spielerischen Lernens.

Diese Serious Games verbinden Lernen mit positiven Emotionen und ermöglichen Erinnerungen und Erfahrungen, die über die Möglichkeiten traditioneller Trainingsformate hinausgehen.

Welche Kommunikationstools nutzt die Swisscom für die Awareness-Arbeit?
Die Kommunikation erfolgt über verschiedene Kanäle, wobei Marcus bewusst auf Zurückhaltung setzt. Seine primären Kommunikationskanäle sind MS Teams, das Social Intranet von Swisscom und die jeweiligen internen Lernplattformen.

Zu den regelmässigen Formaten gehören ein quartalsweises Security-Mailing an interessierte Zielgruppen sowie spezialisierte Teams-Kanäle für den Austausch.

Abb. 2.3 Im Escape Room wird die Sicherheit der Swisscom erlebbar

Abb. 2.4 Serious Games sind ein fester Bestandteil der Swisscom-Awareness-Strategie

Besonders wichtig ist dabei die persönliche Präsenz als Botschafter für die verschiedenen Tools und Programme. Marcus warnt davor, dass selbst teure Plattformen scheitern können, wenn sie nicht aktiv beworben und den Mitarbeitenden nähergebracht werden.

Seine Erfahrung zeigt: Kontinuierliches Marketing und persönliches Engagement sind entscheidend für den Erfolg von Awareness-Tools. Selbst die besten technischen Lösungen bleiben ohne diese Unterstützung ungenutzt.

2.4 Praxiseinblick: Schulungsformate der „Mission Security" der ZHAW

In diesem Abschnitt wird ein weiteres Praxisbeispiel einer erfolgreichen Security-Awareness-Kampagne der Zürcher Hochschule für Angewandte Wissenschaften (ZHAW) genauer untersucht. Im Experten-Interview berichtete Mathias Toth, Informationssicherheitsspezialist der ZHAW, wie aus kleinen Schritten eine beliebte und vielschichtige Kampagne wurde.

Als Mathias 2023 die Aufgabe übernahm, gab es vereinzelte Massnahmen, darunter hauptsächlich Informationsmaterialien wie Poster und einen „Reisebegleiter", sowie die bereits etablierten „Cyber Security Breakfasts". Während der Corona-Pandemie waren diese Aktivitäten jedoch praktisch zum Erliegen gekommen. Mit seinem Neustart in der Position im Januar 2023 entschied er sich daher für einen kompletten Neuanfang: „Dann haben wir gesagt: Ja, wir machen das komplett neu."

Die Entwicklung einer eigenen Bildsprache und der Unterwasserwelt

Ein entscheidender Wendepunkt war Mathias' Erkenntnis aus dem Awareness-Podcast von Katja Dörlemann und Marcus Beyer. Als IT-Spezialist, der zuletzt im Security Operations Center (SOC) gearbeitet hatte, verfügte er noch über wenig Erfahrung im Bereich Kampagnenentwicklung. Der Podcast gab ihm erste wertvolle Tipps. „Ich habe festgestellt, dass viele mit Charakteren arbeiten, die eine eigene Bildsprache als Erkennungsmerkmal für ihre Kampagne entwickeln." Diese Beobachtung führte zur Entwicklung eines umfassenden Brandings. Eine schöne Wendung: Im September 2024 sass Mathias schliesslich selbst als Gast im Podcast zum Thema „Mission Security".

In einem Brainstorming mit dem Security-Team entstand die Idee der Unterwasserwelt: „Wir sind dann über verschiedene Welten schlussendlich bei der Unterwasserwelt gelandet, weil sich dort Themen wie Phishing usw. Eigentlich bietet sich das Motto an." Der Name „Mission Security" wurde per Mehrheitsentscheid gewählt.

Das Branding-Konzept basiert auf einer durchdachten Bildsprache

Das Herzstück der Kampagne ist ein ausgeklügeltes System von Charakteren mit klarer Bedeutungszuordnung. Das U-Boot auf Abb. 2.5 (inoffiziell „Udo 1" genannt) fungiert als Hauptdarsteller und wird von verschiedenen Meerestieren und weiteren Charakteren unterstützt. Die Farbgebung folgt einem einfachen Prinzip: „Die Good Guys sind gelb gehalten, die Bad Guys blau."

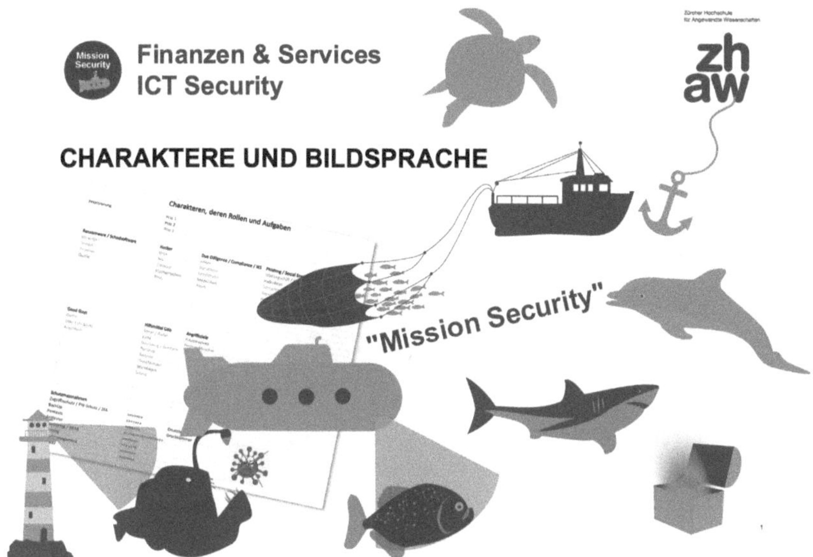

Abb. 2.5 Die Unterwasserwelt der „Mission Security“ der ZHAW

Zu den „Good Guys“ gehören U-Boot, Delfin, Schildkröte und der neueste Charakter, ein Seehund. Die „Bad Guys“ werden durch Hai, Piranha oder ein Fischerboot repräsentiert. Jeder Charakter hat spezifische Funktionen: „Jetzt zum Beispiel hat das Schiff eine Phishing-Funktion.“ Ein besonders erfolgreicher Aspekt des Brandings sind die jährlichen Sticker, die auf Abb. 2.6 zu sehen sind:

Die Abb. 2.6 zeigt drei Varianten des „Mission Security“-Logos. Mathias erklärt: „Es ist inzwischen zur Tradition geworden, dass ich jedes Jahr einen solchen Kleber entwerfe. Die sammeln sie. Die findet man bei uns auf den Laptops, was schon ziemlich cool ist.“ Diese Sammlerkultur verstärkt die Bindung zur Kampagne und sorgt für kontinuierliche Sichtbarkeit.

Schulungsformate und ihre strategische Verknüpfung

1. Roadshow: Proaktiv zur Zielgruppe

Um den Kontakt zur Zielgruppe zu intensivieren, organisierte Mathias eine Roadshow. Abb. 2.7 zeigt die Banner, die ihn dabei begleiteten. Im ersten Jahr besuchte er über 20-mal die Teams, nahm an Teammeetings teil, stellte die Kampagne „Mission Security“ vor und vermittelte fachliche Inhalte.

ZHAW
Security Awareness
Sticker Herbst 2024

Abb. 2.6 Die beliebten „Mission Security“-Sticker mit Sammelcharakteren

Dieses Format ermöglichte es, verschiedene Abteilungen gezielt anzusprechen. Dabei zeigten sich deutliche Unterschiede in der Rezeption. Die Mitarbeitenden konnten ihm direkt Fragen stellen und waren froh, wenn er zu ihnen kam. Für ihn war es wichtig, einen direkten Kontakt zu den Mitarbeitenden der ZHAW aufzubauen.

2. Cyber Security Breakfast: Ein bewährtes Format

Das bereits vor Mathias’ Zeit etablierte Format des „Cyber Security Breakfast“ wurde beibehalten. Es umfasst jeweils eine 45-minütige Veranstaltung mit kostenlosem Kaffee und Gipfeli. Ziel ist es unter anderem, Zugang zu komplexeren Themen zu schaffen, Interesse zu wecken und Fachwissen zu vermitteln. Die eingeladenen Referenten waren teils extern, er nutzte aber auch die internen Möglichkeiten, die die Forschenden der ZHAW bieten. Besonders erfolgreich war ein Vortrag des Nachrichtendienstes des Bundes (NDB) über Spionage an Hochschulen, zu dem 100 Personen kamen.

Anlässlich des zehnjährigen Jubiläums vor zwei Wochen wurde der Rahmen deutlich erweitert: Mit mehreren frei wählbaren Vorträgen, einem Escape-Room, einer OSINT-Station und einer Playcorner bot die Jubiläumsveranstaltung den Teilnehmenden ein einmaliges Erlebnis.

Abb. 2.7 Die „Mission Security"-Banner begleiteten die Roadshow

3. Gamification und kreative Aktionen

Mathias ist äusserst kreativ und bringt jedes Jahr neue Formate in die Kampagne ein, die die Spannung hochhalten. Ein besonders erfolgreiches Format war der Adventskalender in Abb. 2.8.

Hinter jedem Türchen verbarg sich eine Mission, die von Security-Grafiken passend zum Thema Weihnachten (Abb. 2.9) begleitet wurde. Hinter jedem Türchen wartete zudem ein Preis.

Mathias erklärt: „Du konntest also jeden Tag etwas gewinnen. Der Kalender war ein Riesenerfolg, denn knapp 4000 Personen haben teilgenommen." Dieses Format hatte zudem einen positiven Nebeneffekt, der über die Motivation hinausging. Hinter jedem Türchen verbargen sich Fragen zu den Themen Awareness, Passwörter, Meldung von Sicherheitsvorfällen usw. Dadurch eignet es sich ideal als Messinstrument, um das Bewusstsein in diesen Punkten zu ermitteln. Es kann als Grundlage für das jährliche Sensibilisierungskonzept dienen und Wissenslücken aufzeigen.

Abb. 2.8 Security-Awareness-Adventskalender Aktion im Intranet

Ein zweites spielerisches Element der Kampagne war die Hackerjagd durch das Self-Service-Portal der ZHAW. Die Teilnehmenden mussten sich durch verschiedene Sicherheitsthemen navigieren, um Hinweise zu sammeln. Er sagt:

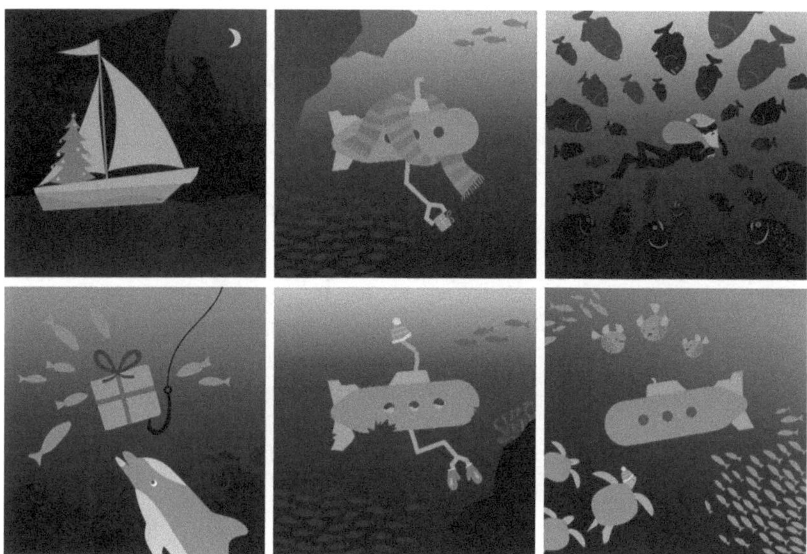

Abb. 2.9 Adventskalendermotive der Charaktere der „Mission Security“

„Durch dieses Self-Service-Portal und durch die dort verfügbaren KIs (Knowledge Items) habe ich die Schnitzeljagd gemacht.“

Mit 150 Teilnehmenden, die das komplette Rätsel durchliefen, zeigt dieses Format die Bereitschaft der Belegschaft, sich intensiv mit Sicherheitsthemen auseinanderzusetzen. „Also, das heisst, 150 Leute haben das Rätsel wirklich durchgelöst. Bis sie am Schluss die richtige Antwort hatten.“

4. Community bilden: Ein verschworener Verein

Ein strategisch wichtiger Aspekt ist der Aufbau einer engagierten Community und eines Newsletters. Anstatt alle Mitarbeitenden mit Informationen zu überschütten, setzt der Newsletter auf freiwillige Anmeldung und erzeugt somit eine gewisse Exklusivität.

Der Erfolg ist messbar: Von den 2600 Vollzeitstellen haben sich 360 Personen aktiv angemeldet. „Das sind über zehn Prozent, die ich wirklich erreicht habe und die sich freiwillig angemeldet haben. Das ist wirklich hervorragend.“

Kommunikativ setzt Mathias zudem auf ein kontinuierliches „Grundrauschen“. „Mir ist wichtig, dass immer so ein Grundrauschen von der Mission Security

Abb. 2.10 Give-aways, „Mission-Security"-Lebkuchen, Flyer, Visitenkarten und Sticker

herrscht, dass immer wieder etwas davon zu hören ist." Dieses wird durch verschiedene Formate aufrechterhalten.

- Regelmässige Blog-Beiträge
- Präsenz bei ICT-Veranstaltungen
- Give-aways und Merchandise (Abb. 2.10)
- Integration in Onboarding-Prozesse
- Einfach einmal einen Infostand aufbauen und mit den Leuten reden

Für eine erfolgreiche Kampagne ist es wichtig, sich auch extern zu vernetzen. „Wenn du eine Kampagne fährst, musst du dich vernetzen. Du musst Erfahrungen austauschen. Du musst dich mit anderen vernetzen." Mathias nutzt dafür Podcasts, Roundtables, Security-Awareness-Communities und verschiedene Kooperationen.

Fazit: Ein ganzheitlicher Ansatz ist das Erfolgsrezept
Das Beispiel der „Mission Security" zeigt, wie verschiedene Schulungsformate strategisch miteinander verknüpft werden können.

- Konsistentes Branding: Eine durchdachte Bildsprache schafft Wiedererkennungswert und emotionale Bindung.
- Formate: Von proaktiven Roadshows über Events bis hin zu Gamification werden verschiedene Lerntypen angesprochen.
- Community Building: Freiwilligkeit und Exklusivität schaffen Engagement.
- Kontinuität: Regelmässige Kommunikation hält das Thema präsent.
- Messbarkeit: Verschiedene Formate liefern Daten über den Wissensstand und das Engagement.

Die „Mission Security" der ZHAW zeigt, dass Security Awareness mehr ist als reine Wissensvermittlung. Wie Mathias zusammenfasst: „Cybersicherheit ist mehr als nur Technik."

2.5 Toolkit 5 Fragen für die passenden Schulungskanäle

Betrachten wir ein fiktives Beispiel von Herrn Schneider. Er arbeitet als Projektleiter in einer Bank und soll einen vorinstallierten Passwortmanager nutzen. Obwohl er mit der Bedienung vertraut ist, findet er sie umständlich. Der Passwortmanager muss erst eingerichtet werden und ist dann nicht im Browser verfügbar. Das erfordert viele Kopiervorgänge. Trotz der vorhandenen Lösung nutzt Herr Schneider den Passwortmanager nicht.

In der Verhaltenspsychologie wird davon ausgegangen, dass eine wirklich bleibende Verhaltensänderung bei Herrn Schneider in Bezug auf den Passwortmanager erst eintritt, wenn mehrere Gegebenheiten erfüllt sind. Dabei sollten die Faktoren Fähigkeit (Capability), Gelegenheit (Opportunity) und Motivation (Motivation) zusammenspielen (West und Michie 2020). Das bedeutet, er sollte wissen, wie ein Passwortmanager funktioniert (Fähigkeit), dieser muss ihm zur Verfügung stehen (Gelegenheit) und er muss den Sinn der Anwendung verstehen sowie bereit sein, sie zu nutzen (Motivation).

Um herauszufinden, wo es bei Herrn Schneider hakt, können die Verantwortlichen für Awareness ihm die folgenden Fragen direkt stellen, um ihn besser zu verstehen und zu ermitteln, wo sie ansetzen können. In der Klammer steht jeweils der Ansatz, der gewählt werden kann, wenn Herr Schneider die Frage verneint:

1. Weisst du, was du tun solltest? (Kommunikation)
2. Weisst du, wie du es tun solltest? (Training)
3. Weisst du, wann/bis wann du es tun solltest? (Fristen setzen)
4. Weisst du, warum du es tun solltest? (Motivation wecken, Anreize schaffen)
5. Was hindert dich daran? (Barrieren aus dem Weg schaffen)

Die fünf Fragen lauten demnach wie folgt: Was? Wie? Bis wann? Anreize? Barrieren?

Bei Herrn Schneider würde eine weitere Erklärung, was er tun soll (Frage 1), beispielsweise wenig bewirken, da er bereits weiss, dass er den Passwortmanager nutzen sollte. Das eigentliche Problem liegt woanders: Die umständliche Bedienung und die fehlende Browser-Integration schaffen Barrieren (Frage 5), während die mangelnde Motivation (Frage 4) darauf hindeutet, dass er den Nutzen nicht erkennt. Die fünf Fragen helfen dabei, solche tatsächlichen Hindernisse zu identifizieren, anstatt am falschen Ende anzusetzen.

2.5.1 Was soll getan werden? (Kommunikation)

In diesem Schritt geht es um Wissensvermittlung. Am Beispiel des Passwortmanagers soll zunächst geklärt werden, ob Herr Schneider weiss, dass er den vorinstallierten Passwortmanager nutzen soll und keine unsicheren Alternativen verwenden darf. Diese grundlegende Sensibilisierung wird durch Kommunikation und Lenkung der Aufmerksamkeit auf das Thema erreicht.

Die Anforderungen müssen Mitarbeitenden klar vermittelt werden. Wenn der Prozess unklar ist, können sie nicht dafür verantwortlich gemacht werden, etwas nicht zu tun. Um unnötige Hürden zu vermeiden, müssen die IT-Dienste, Sicherheitsrichtlinien und Nutzungsprozesse für die Mitarbeitenden einfach und reibungslos anwendbar sein. Die Kommunikation kann nach drei Zielen ausgerichtet werden:

- Verstehen: Klare Richtlinien, verständliche Sprache, ausreichende Einarbeitungszeit
- Finden: Informationen im Intranet verfügbar, Anleitungen und Videos leicht zugänglich
- Unterstützung: Erreichbarer IT-Support, bekannte Ansprechpersonen, einfache Hilfsprozesse

Kanäle
Für die effektive Vermittlung dieser Inhalte stehen verschiedene Kommunikationskanäle zur Verfügung:

- Newsletter: Regelmässige Erinnerung an Sicherheitsthemen, kostengünstig und breit streubar
- Intranet: Nachschlagewerk für Richtlinien und Prozesse, dauerhaft verfügbar
- Vorträge/Keynotes: Erzeugen starke Aufmerksamkeit für wichtige Botschaften und wirken emotionalisierend
- Videos/Podcasts: Leicht zugänglich und können auch emotional berühren
- Plakate/Screensaver/Infografiken: Sichtbare Erinnerungen im Arbeitsalltag
- Checklisten/Tabellen: Checklisten sparen Zeit und helfen strukturiert vorzugehen

Tipp: Richtlinien vereinfachen
Ein gängiges Problem in Unternehmen sind Richtlinien, die sich zwar gut anhören, von allen gelesen wurden, aber nicht praktisch umsetzbar sind und viele Fragen offenlassen. Die Sicherheitsabteilung einer Finanzunternehmung erhielt ständig Anfragen zur Klassifizierungsrichtlinie. Formulierungen wie „Vertrauliches muss verschlüsselt übermittelt werden" warfen Fragen auf. Welche Verschlüsselungsservices sind erlaubt? Was genau bedeutet „vertraulich"?

Deshalb wurde eine vereinfachte Nachschlagetabelle erstellt. Was zunächst einfach schien, entwickelte sich zu einem einjährigen Projekt. Dies verdeutlichte den enormen Interpretationsspielraum, der selbst in vermeintlich klaren Vorschriften besteht.

Versuchen Sie, all Ihre Richtlinien, Anweisungen und Prozesse in genauen Arbeitsschritten zu beschreiben. Dies sollte für unterschiedliche Personas erfolgen, da diese unterschiedliche Arbeitsweisen haben. Sie können Ihre Ergebnisse in Form von Checklisten oder Tabellen festhalten. Überlegen Sie dabei, ob die Formulierungen tatsächlich umsetzbar sind.

2.5.2 Wie soll es getan werden? (Training)

Im zweiten Schritt wird gefragt, ob der Prozess zur Einrichtung und Nutzung des Passwortmanagers klar ist. Bei Herrn Schneider zeigt sich: Er weiss zwar, dass er den Manager verwenden soll, aber bei der praktischen Umsetzung gibt es Schwierigkeiten. Die Bedienung ist umständlich und es fehlt eine Browser-Integration. Dies deutet entweder auf Schulungsbedarf hin oder darauf, dass die Lösung unzureichend ist.

Kanäle

Je nach Schulungsbedarf, Zielsetzung und verfügbaren Ressourcen können unterschiedliche Trainingsformen sinnvoll sein. Im Folgenden finden Sie eine Auflistung der meistgenutzten Schulungsformate im Bereich Security Awareness. Diese Liste ist nicht abschliessend und der Kreativität sind keine Grenzen gesetzt.

- E-Learning: Skalierbar und zeitflexibel, ideal für Grundlagenwissen
- Präsenzschulungen: Hohe Interaktivität, geeignet für komplexe Themen
- Online-Training/Webinare: Verbindet Live-Interaktion mit grösserer Reichweite
- Workshops: Praxisnahe Anwendung in kleinen Gruppen
- Micro-Learning: Kleine, leicht konsumierbare Lerninhalte für den Arbeitsalltag
- Fallstudien/Szenarien: Fördern kritisches Denken und realitätsnahen Transfer
- Simulationen und interaktive Übungen: Risikofreies Üben realer Situationen
- KI-unterstütztes Lernen: Passt Inhalte automatisch an individuelle Bedürfnisse an
- Storytelling-basiertes Lernen: Macht Risiken durch Geschichten greifbar und einprägsam
- Mobiles Training: Ermöglicht Lernen für dezentrale Mitarbeitende ohne festen Arbeitsplatz

Tipp: Storytelling verwenden

Herr Schneider nimmt einmal pro Jahr an einem E-Learning-Kurs teil. In einem Teil davon wird auch der Passwortmanager thematisiert. Bereits auf der ersten Seite wird ihm klar, dass es sich um ein Standard-E-Learning handelt, in dem nicht einmal der richtige Passwortmanager genannt wird. Er klickt sich so schnell wie möglich durch das Modul, um es hinter sich zu bringen. Danach ist er frustriert, denn er hätte in dieser Zeit seine morgendliche Routine erledigen können und hat dabei nichts gelernt.

Dies war eine vergebene Chance, das simple Durchklicken zu verhindern und dem Mitarbeiter zu vermitteln, dass er mit seinem Verhalten einen wichtigen Beitrag zur Sicherheit leisten kann. Dies ist aus verhaltenspsychologischer Sicht wichtig (IT-SICHERHEIT (cs) 2023).

E-Learnings sind dann effektiv, wenn sie sich auf den Arbeitsalltag der Mitarbeitenden beziehen. Wenn ein Modul beispielsweise eine relevante Geschichte aufgreift, prägt sich der Inhalt besser ein. Wie im Kapitel „Zielgruppen und Personas" erwähnt, ist es sinnvoll, Zielgruppen und Personas zu definieren und verbindliche Schulungen zu entwickeln.

2.5.3 Wann/bis wann soll es geschehen? (Fristen)

Herr Schneider weiss zwar, dass er den Passwortmanager verwenden sollte, ihm ist aber nicht bewusst, dass er dies bei jedem einzelnen Passwort und sofort bei dessen Erstellung tun muss. Hier können klare Fristen Abhilfe schaffen.

Kanäle
Diese Fristen können in den Richtlinien kommuniziert und mithilfe digitaler Tools aktiv in Erinnerung gerufen werden. Erinnerungen können beispielsweise über interne Benachrichtigungssysteme, Kalendereinträge oder automatische Hinweise an gut sichtbaren Stellen platziert werden. Mögliche Orte sind das jährliche E-Learning, die Intranetseite, regelmässige Meldungen und Kampagnen sowie Sticker.

- Erinnerungssysteme: Automatische Erinnerungen an fällige Sicherheitsaufgaben
- Kalender-Integration: Termine für Schulungen und Fristen werden direkt im Arbeitskalender angezeigt
- Deadline-Tracking: Übersicht über anstehende und überfällige Sicherheitsmassnahmen
- Poster/Screensaver: Eine visuelle Erinnerung an die Grundlagen
- Sticker: Eine beliebte Art, physische Erinnerungen zu schaffen und sie lassen sich mit humorvollen Inhalten kombinieren

2.5.4 Warum sollten sie es tun? (Motivation)

Wenn Herr Schneider den Passwortmanager weiterhin nicht nutzt, kann das an mangelnder Motivation oder vorhandenen Barrieren liegen. Hier kann man entweder ausprobieren, was ihn motiviert, oder ihn direkt fragen: „Motiviert dich irgendetwas besonders, sichere Passwörter zu verwenden?“ oder „Hast du das Gefühl, dass sich die Nutzung des Passwortmanagers für dich auszahlt?“.

Kanäle
In diesem Zusammenhang können regelmässige Umfragen hilfreich sein. Wenn das zu aufwendig ist, reicht auch der persönliche Austausch mit einzelnen ausgewählten Personen aus dem Unternehmen aus. Besonders gut geeignet sind dafür

Veranstaltungen, Road-Shows oder ein Ambassadoren-Programm mit Personen, die sich genau für solche Fragen engagieren.

- Gamification: Spielerische Elemente steigern Engagement
- Wettbewerbe: Der soziale Vergleich motiviert zusätzlich
- Belohnungssysteme: Schaffen konkrete Vorteile für sicherheitsbewusstes Verhalten
- Werbegeschenke: Eine kleine Wertschätzung im Alltag
- Erfolgsgeschichten/Testimonials: Zeigen den Nutzen für die eigene Arbeit auf
- Umfragen: Systematische Erfassung von Motivationshindernissen und Bedürfnissen
- Ambassadoren-Programme: Engagierte Mitarbeitende verbreiten Motivation und Wissen auf Augenhöhe
- Persönlicher Austausch: Im direkten Gespräch werden individuelle Motivationsbarrieren aufgedeckt

Welche Art von Anreiz ist geeignet? Oft reicht weniger, als man denken würde. Viele Mitarbeitende freuen sich bereits über Gesten und symbolische Preise. Es kann aber auch mit einem Hauptpreis und vielen kleinen Preisen gearbeitet werden. Mehr zu interaktiven Formaten, Gamification und Wettbewerben finden Sie im Kapitel „Interaktive und spielerische Ansätze".

2.5.5 Was hindert sie daran? (Barrieren)

Bisher konnten alle Fragen positiv geklärt werden und Herr Schneider hat bestätigt, dass er motiviert ist, den Passwortmanager zu nutzen. Dennoch können ihn Barrieren weiterhin davon abhalten, den Passwortmanager effektiv für jedes Passwort zu nutzen. Auf Nachfrage erläutert er, dass die fehlende Browser-Integration die Bedienung umständlich macht und er so für alles viel länger braucht. Solche Barrieren können sein:

- Fehlende/nicht anwenderfreundliche Tools: Kein Zugriff auf Passwortmanager unterwegs, kein Browser-Plugin ist verfügbar
- Zeitdruck: Stress führt dazu, dass Sicherheitsmassnahmen übersprungen werden
- Mangelnde Führungsunterstützung: Das Management lebt die Sicherheit nicht vor
- Widersprüchliche Vorgaben: Unklare Prioritäten im Arbeitsalltag
- Organisatorische Hindernisse: Geteilte Accounts, fehlende Infrastruktur

Kanäle
Direkte Nachfragen führen hier nicht immer zu hilfreichen Antworten. Insbesondere dann nicht, wenn Mitarbeitende nicht das Vertrauen oder die Sicherheit haben, ihre Bedenken offen zu äussern. Darum können ergänzend andere Mittel genutzt werden, um die Barrieren zu ermitteln:

- Phishing-Simulationen: Decken Wissenslücken messbar auf
- Social-Engineering-Simulationen: Testen verschiedene Angriffskanäle realistisch
- Quizzes/Tests: Überprüfen den Wissensstand und decken Unsicherheiten auf
- Live-Quiz: Ermöglicht spontanes, anonymes Feedback zu Verständnisproblemen
- Roadshows: Ermöglicht direktes Feedback zu praktischen Hindernissen vor Ort
- Behavior Analytics und Reporting: Datenbasierte Analyse des tatsächlichen Verhaltens

Wenn sich trotz Beseitigung dieser Hindernisse keine Verhaltensänderung einstellt, könnten die Ursachen möglicherweise grundlegender sein. In diesem Fall sollten die ersten Fragen nochmals gründlicher durchleuchtet werden. Achten Sie dabei besonders auf versteckte Barrieren.

Versteckte Fähigkeitsbarrieren:

- Komplexere Wissenslücken als zunächst angenommen
- Unklare Prozesse, die unverständlich formuliert sind und Lücken aufweisen
- Technik, deren Anwendung nicht verständlich ist, oder aus „Protest“ nicht verwendet wird, da sie den Arbeitsaufwand deutlich erhöht
- Ungenügende Schulungen und unverständliche Übungen

Versteckte Motivationsbarrieren:

- Grundlegendes Misstrauen („Sicherheit ist übertrieben“)
- Negative Vorerfahrungen mit früheren Massnahmen
- Fehlende Anreize oder Angst vor Konsequenzen bei Fehlern
- Tief verwurzelte Gewohnheiten und Bequemlichkeit

Diese komplexeren Herausforderungen erfordern allenfalls einen neuen Ansatz. Dieser kann sich auf die Kommunikation, das Training oder die Motivationsarbeit beziehen.

2.6 Abschluss

Die fünf Fragen bieten einen strukturierten Ansatz, um herauszufinden, wo Verhaltensänderungen tatsächlich ansetzen müssen.

1. Was soll getan werden? (Kommunikation)
2. Wie soll es getan werden? (Training)
3. Wann/bis wann soll es geschehen? (Fristen)
4. Warum sollten sie es tun? (Motivation)
5. Was hindert sie daran? (Barrieren)

Wie das Beispiel von Herrn Schneider zeigt, lag das Problem nicht beim Wissen („Was"), sondern bei strukturellen Hindernissen und fehlender Motivation. Ein weiteres Training hätte hier nichts bewirkt. Dieses Vorgehen verhindert, dass Probleme zu schnell mit Standard-E-Learnings als Lösung abgetan werden, obwohl die Ursache ganz woanders liegt.

Der Prozess kann mehrfach durchlaufen werden, denn manchmal zeigen sich die wahren Ursachen erst bei genauerer Betrachtung. Das systematische Durchgehen aller fünf Dimensionen spart langfristig Zeit und Ressourcen, da Massnahmen gezielt dort ansetzen, wo sie tatsächlich wirken können.

Literatur

He W, Zuopeng (Justin) Z (2019) „Enterprise cybersecurity training and awareness programs: recommendations for success". J Organ Comput Electron Commer 29, Nr. 4): 249–57. https://doi.org/10.1080/10919392.2019.1611528

IT-SICHERHEIT (cs), Redaktion (2023) „Wozu sensibilisieren wir?" *IT-SICHERHEIT* (blog), 3. April . https://www.itsicherheit-online.com/security-management/wozu-sensibilisieren-wir/.

West R, Michie S (2020) „A brief introduction to the COM-B model of behaviour and the PRIME theory of motivation [V1]". Qeios, 4. Juli https://doi.org/10.32388/WW04E6.

Interaktive und spielerische Ansätze 3

3.1 Abstract

Security Awareness bedient sich zunehmend spielerischer Formate und sogenannter Gamification. Gamification bezeichnet nicht das Spielen an sich, sondern die Verwendung spielerischer Elemente in einem spielfremden Kontext. Gamification ist kein Ersatz für Schulungen, kann aber als starke ergänzende Massnahme eingesetzt werden. Bei richtiger Umsetzung können spielerische Ansätze das Interesse für das sonst oft unzugängliche Thema Sicherheit wecken, die soziale Verbundenheit stärken und die intrinsische Motivation fördern. Das Kapitel zeigt anhand von Studien, wie wirkungsvoll Gamification sein kann und dass dabei die richtige Umsetzung eine grosse Rolle spielt.

Anhand zweier Praxisbeispiele wird gezeigt, wie das gelingen kann. Die Kampagne „Phantom Buster" einer Finanzunternehmung nutzt bewährte Elemente wie Storytelling, Quests, Punkte und Leaderboards, um auf spielerische Weise auf Sicherheitsschwerpunkte aufmerksam zu machen. Ein zweites Beispiel ist der Escape-Room „Hack the Hacker" von Switch, den die Security-awareness-Spezialistin Katja Dörlemann beschreibt. Dieser ist seit 2018 im Einsatz und bietet den Teilnehmenden ein zweistündiges Erlebnis, das haften bleibt.

Der Toolkit-Teil des Kapitels zeigt anhand ihrer Vor- und Nachteile eine Auswahl an spielerischen und interaktiven Formaten, von Wettbewerben und Challenges bis hin zu Events und Live-Demonstrationen. Das Kapitel schliesst mit der Erkenntnis, dass Security Awareness durch die Anwendung solcher Formate zu einem positiv besetzten Thema werden kann.

J. Wick, *Security-Awareness-Tools*,
https://doi.org/10.1007/978-3-658-51112-8_3

3.2 Einführung

Wer die Sprachlern-App „Duolingo“ schon einmal genutzt hat, weiss, wie gamifiziertes Design auf hohem Niveau aussieht. Es gibt Lernpfade, eine etwas aggressive Eule und Lernsträhnen mit Flammen, die erlöschen, wenn man einen Tag nicht gelernt hat. Ausserdem gibt es viele weitere Mechanismen, die uns zum täglichen Einloggen motivieren sollen. Im Vordergrund von Duolingo steht aber nicht das Sammeln von Punkten und Abzeichen, sondern das Erlernen einer Sprache. Denn Gamifizierung bezeichnet nicht das Spielen an sich, sondern die Verwendung spielerischer Elemente in einem spielfremden Kontext (Deterding et al. 2011).

Umfragen, die sich mit der Frage beschäftigen, ob Mitarbeitende Gamifizierung als motivierend wahrnehmen, kommen zu unterschiedlichen Ergebnissen. Die Ergebnisse liegen jedoch jeweils bei mindestens 60 % (Caserman et al. 2024).

Es gibt auch kritische Stimmen zur Gamifizierung. So betont Hung (2017) in „A Critique and Defense of Gamification“, dass Gamifizierung nicht als blosse „Belohnungsmaschine“ ausgenutzt werden sollte. Wichtig sei, dass die intrinsische Motivation geweckt wird und nicht nur Punktejagd oder der Kampf um die obersten Ränge auf der Rangliste als Motivation gelten. Wichtig sei auch, dass die Gamifizierung nicht nur oberflächlich bleibt, sondern einen echten Bezug zum Inhalt hat.

Für die Security-Awareness-Praxis bedeutet dies, dass die Gamifizierung von Inhalten kein Allheilmittel ist. Auch Sailer et al. (2017) kommen in ihrer Studie zu dem Ergebnis, dass Gamifizierung nicht per se effektiv ist, bestimmte Elemente jedoch einen positiven psychologischen Effekt haben. Daher kann Gamification in der Security Awareness eine geeignete ergänzende Massnahme zum gesamten Programm sein. Sie kann Interesse an der Cybersicherheit wecken, zur Auseinandersetzung mit diesem Thema anregen, soziale Verbundenheit stärken und motivierend wirken. Wenn sie gut gemacht ist und auf die Zielgruppe abgestimmt wurde, kann sie einen Grossteil der Belegschaft ansprechen.

In diesem Kapitel wird am Beispiel einer erfolgreichen Kampagne einer Finanzunternehmung eine mögliche Umsetzung beschrieben. Im weiteren Verlauf wird ergänzend eine Fallstudie präsentiert, die den Einsatz von Escape Rooms als innovative Methode zur Sensibilisierung beleuchtet. Darüber hinaus werden weitere interaktive Möglichkeiten, darunter Serious Games, vorgestellt, um Security Awareness auf spannende Weise zu vermitteln.

3.3 Praxisbeispiel: „Phantom Buster" bei der Viseca SA

Obwohl es keinen universell „besten" Weg für die Implementierung von Gamification gibt, haben sich bestimmte Elemente als besonders wirksam erwiesen. Die folgende Fallstudie aus der Security-Awareness-Praxis eines Schweizer Finanzinstituts zeigt, wie sich verschiedene Gamification-Elemente erfolgreich kombinieren lassen.

Die seit 2017 laufende Kampagne integriert viele der erfolgreichen Elemente:

- Punktesysteme
- Abzeichen
- Bestenlisten
- Feedback
- Fortschrittsbalken
- Storytelling
- Level
- Mitspielende
- Zeitliche Begrenzung
- Herausforderungen und Ziele

Mit einer Beteiligung von rund zwei Dritteln ist die Teilnahme sehr hoch, was zeigt, dass die Kampagne durchaus beliebt ist. Das ist einerseits an den weit verbreiteten Stickern auf Laptops und Arbeitsplätzen zu sehen und wird auch in den während der Kampagne aufkommenden Gesprächen deutlich. Die zweimal jährlich durchgeführte Kampagne basiert auf einer Mischung aus Angreifer-Abwehr-Szenario, Storytelling und spielmechanischen Elementen mit Quiz und Video.

3.3.1 Schritt 1: Entwicklung und Start der Kampagne

Die Phantom-Buster-Kampagne entstand aus dem Wunsch heraus, ein Branding für die Kampagnen der Sicherheitsabteilung zu entwickeln und präventive Massnahmen zur Cybersicherheit zu fördern. Es ging darum, mögliche Angriffsmuster bekannt zu machen, ohne den konventionellen Ansatz von E-Learnings und Anleitungsartikeln verfolgen zu müssen. „Einfach mal machen und innovativ sein!" war die Devise. So entstand die Idee, eine Gamifizierung einzuführen.

Bei den vielen Möglichkeiten, eine Geschichte aufzubereiten, entschieden sich die Sicherheitsverantwortlichen für eine einfach verständliche Hintergrundgeschichte als Rahmen. Der Anspruch war, die unsichtbare Welt der Angreifer zu personifizieren und eine Identifikation mit der abwehrenden Seite zu ermöglichen. Aus diesem Grund wurde ein Brainstorming zu den Charakteren durchgeführt. Die Anforderungen an den Angreifer waren, dass er fies und unsympathisch aussah, etwas hinterlistig wirkte und an bekannte Bösewichte wie den Joker aus Batman angelehnt war. So entstand das „Phantom".

Aus der Abb. 3.1 lässt sich das Phantom entnehmen. Es handelt sich um einen „geistartigen" Charakter, der regelmässig Angriffe auf das Unternehmen startet. Er verkörpert klassische Angriffsarten wie Phishing, Social Engineering oder physische Zugriffe und hält sein Markenzeichen, das Trojanische Pferd, in der Hand.

Für die Gegenseite wurde eine Gruppe von Charakteren geschaffen, die aus zwei Männern und einer Frau bestehen (Abb. 3.3). Sie werden „Phantom Busters" genannt, wie die Kampagne selbst. Der Name ist angelehnt an die Filmreihe „Ghostbusters" (1984). Für die Gruppe wurde zudem eine Hintergrundgeschichte entwickelt. Zum Kampagnenstart machte der damalige CISO einen Aufruf. Er

Abb. 3.1 Das Phantom der Viseca, ein richtig fieser Typ

wandte sich an die Belegschaft und teilte ihr mit, dass sie ein rotes Notizbuch des Phantoms gefunden hätten. In diesem seien die Pläne des Phantoms festgehalten, das Unternehmen anzugreifen. Dieser Angriff könne nur vereitelt werden, wenn die gesamte Belegschaft mithelfe.

3.3.2 Schritt 2: Spielmechanik

Diese Art der Gamifizierung war neu in der Unternehmung und musste erst Fuss fassen und verstanden werden. Zu diesem Zweck gab es Anleitungen, Videos, Flyer, Sticker, Meldungen im Intranet sowie einen eigens dafür eingerichteten Intranet-Bereich.

Über einen Link in der Ankündigung im Intranet gelangen die Teilnehmenden auf eine Landingpage. Dort ist ein maximal drei Minuten langes Video zu sehen. Darin wird ein Angriff dokumentiert. Wie Abb. 3.2 zeigt, werden die Szenen so gefilmt, dass das Phantom immer anonym bleibt:

Das Ziel besteht beispielsweise darin, einen USB-Stick-angriff zu veranschaulichen. Zu sehen ist, wie sich das Phantom, gespielt von einem Mitarbeitenden, in der Unternehmung bewegt und USB-Sticks verteilt. Anschliessend beobachtet es mithilfe seiner Malware, ob jemand den Stick verwendet und gelangt so an vertrauliche Daten. Das Video ist ohne Sprache gehalten und die Beobachtung der Figur reicht für das Verständnis vollkommen aus.

Zu den Videos gibt es ein Quiz mit drei Fragen. Um optimal vorbereitet zu sein, sollen vor dem Quiz das Video und die Informationsseite zu Angriffen mit USB-Sticks angesehen werden. Danach können die Angestellten im Quiz eines von drei Levels erreichen. Je nachdem, wie viele Fragen richtig beantwortet werden, wird man „Rookie", „Trained" oder „Expert" Buster. Die Beantwortung des Quizzes re-

Abb. 3.2 Die Szenen werden so gefilmt, dass das Phantom immer anonym bleibt

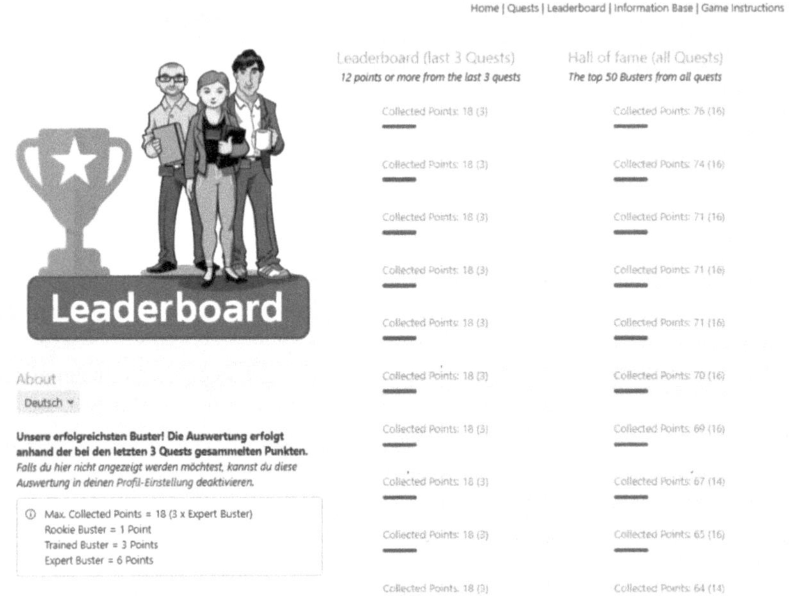

Abb. 3.3 Das Leaderboard und die Erklärung der Grade „Rookie, Trained, Expert-Buster“

sultiert in null bis sechs Punkten. Je mehr Punkte jemand hat, desto höher wird diese Person in der Rangliste platziert, welche so aussieht (Abb. 3.3):

Man kann sich von der Rangliste abmelden. Das ist wichtig, da Ranglisten unnötigen Druck erzeugen können, was sich wiederum auf die Teilnahmequote auswirken kann. Die Ranglisten sind aufgeteilt: Einerseits gibt es die aktuelle Rangliste und andererseits die Rangliste der letzten drei Quests. Somit haben die Teilnehmenden einen Anreiz, an jeder Quest mitzumachen. Die Teilnehmenden erhalten für erreichte Punkte Abzeichen, die, wie in Abb. 3.4 zu sehen, in ihrem Intranet-Profil für alle sichtbar sind:

Die Kampagne ist jeweils auf zwei Wochen bis einen Monat begrenzt, wodurch Dringlichkeit erzeugt wird. Ein Fortschrittsbalken im Intranet (Abb. 3.5) zeigt an, wie viele Punkte und Teilnehmende noch nötig sind, um das Phantom zu besiegen, und motiviert so zusätzlich zur Teilnahme. Die gesammelten Punkte fliessen in die Gesamtpunkteanzahl ein. Wurde die gesetzte Mindestanzahl erreicht, kann das Phantom geschlagen werden.

Abb. 3.4 Ein Beispiel für ein Intranetprofil mit gesammelten Abzeichen aus der Gamification

Der Punktestand kann jederzeit verfolgt werden, was bei den Spielenden Ehrgeiz erzeugt. Auf der Startseite des Intranets ist zudem jederzeit ein Zähler sichtbar, wie viele „Phantom Busters" es noch für den Erfolg benötigt:

Ab den letzten 50 Teilnehmenden wird der Zähler wie in Abb. 3.6 rot, um darauf aufmerksam zu machen, dass das Ziel fast erreicht ist.

Die Quest ist so konzipiert, dass sie innerhalb von fünf Minuten absolviert werden kann. Damit sollten auch Personen mit starkem Zeitdruck bei der Arbeit zur Teilnahme motiviert werden.

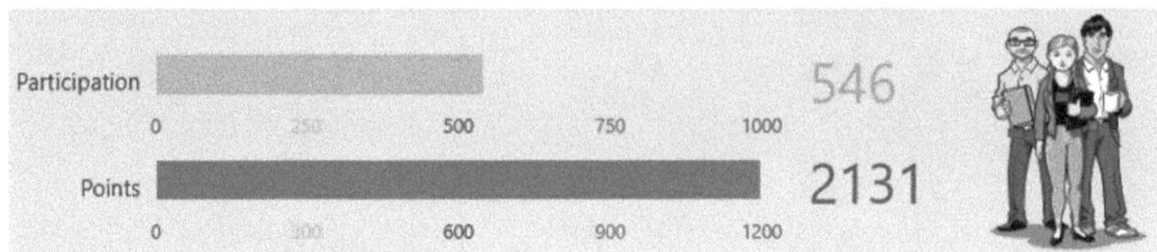

Abb. 3.5 Diese Intranet-Seite zeigt live die Teilnahmeanzahl und den Punktestand an

Abb. 3.6 Ein Zähler im Intranet, der rot wird, sobald die Zahl der Teilnehmenden unter 50 fällt

Phantombuster

Hi Jill, We're getting close to beating the Phantom. Please tell your colleagues to invest 5min to solve the quest!

3.3.3 Schritt 3: Soziale Effekte

Das positive Feedback zur Kampagne sowie die hohe Teilnahmequote von 60 bis 70 % der 1'300 Angestellten sprechen für den Erfolg dieser Gamifizierung. Abgerundet wird das Ganze dadurch, dass freiwillige Mitarbeitende in den Videos mitspielen. Dies hat einen positiven Effekt auf die Identifikation der Teilnehmenden mit der Gamifizierung. Die Teilnehmenden erkennen die Darsteller und sprechen sie auch darauf an.

Zusammen mit der Tatsache, dass alle zusammenarbeiten müssen, um das Phantom zu besiegen, verstärken die freiwilligen Schauspieler den sozialen Effekt der Kampagne.

3.3.4 Schritt 4: Evaluation

Die Kampagnen werden jeweils ausgewertet und fliessen in andere Massnahmen, wie den Security Score, ein. Dieser wird aus unterschiedlichen Faktoren errechnet und belohnt pro Quartal die Gewinnerin bzw. den Gewinner. Der Security Score kann auch als Indikator dafür dienen, welche Abteilungen motiviert waren und welche noch stärker mit Sicherheitsmassnahmen angesprochen werden müssen.

3.3.5 Was braucht es zur Reproduktion?

Die erfolgreiche Umsetzung einer gamifizierten Security-Awareness-Kampagne erfordert mehrere Kernelemente, die sich aus der Erfahrung mit Phantom Buster ableiten lassen:

- Eine klare Hauptfigur mit Hintergrundgeschichte
- Kurze und spannende Formate, zum Beispiel Videos mit Quiz
- Punkte, Abzeichen und Ranglisten
- Mitarbeitende einbinden, damit sie sich mehr damit identifizieren
- Einfache, verständliche Kommunikation auf unterschiedlichen Kanälen
- Initialer Aufwand ist hoch, jedoch lohnt es sich zu investieren

Die Phantom-Buster-Kampagne ist ein Beispiel dafür, wie durch die Kombination von Storytelling, spielerischen Elementen und einer zeitlichen Begrenzung eine hohe Mitarbeiterbeteiligung im Bereich der Security-Awareness erzielt werden kann. Der Erfolg basiert insbesondere auf der emotionalen Verbindung zu den Charakteren, der niedrigen Einstiegshürde durch kurze Formate und der kontinuierlichen Motivation durch Punkte und Ranglisten.

Trotz des anfänglichen Aufwands für Konzeption und Umsetzung hat sich die Investition aufgrund der nachhaltig hohen Teilnahmequote und der positiven Wahrnehmung der Sicherheitsthemen im Unternehmen bewährt.

3.4 Praxisbeispiel: Escape Room „Hack The Hacker" bei Switch

Katja Dörlemann ist eine erfahrene Expertin für Security Awareness und hat massgeblich zur Erfolgsgeschichte von Serious Games und innovativen Trainingsformaten im Security-Bereich beigetragen. Diese Formate werden in der Community rege genutzt und verbreitet. Durch ihre Arbeit unterstützt sie die Bildungs-, Forschungs-, Innovations- und Internet-Community zudem im Umgang mit dem Faktor Mensch in der Informationssicherheit. Katja ist Teil verschiedener Arbeitsgruppen und engagiert sich als Rednerin, Dozentin sowie als Co-Host des empfehlenswerten Podcasts „Security Awareness Insider".

Mit ihrer langjährigen Erfahrung in der Entwicklung und Durchführung von Awareness-Kampagnen und Serious Games, darunter Security-Escape-Rooms, gewährt sie im folgenden Beitrag wertvolle Einblicke in die praktische Umsetzung spielerischer Security-Awareness-Formate bei ihrer Arbeitgeberin, der Schweizer Stiftung Switch.

Lernen im Spiel: Mit Escape Rooms für Security begeistern

Es gibt viele unterschiedliche Methoden, um Lernerfahrungen positiv und motivierend zu gestalten. Eine davon ist das Lernen im Spiel. Genau diesem Ansatz folgen die Switch Security Adventures. Ihr ziel ist es, Sicherheitsthemen zu entmystifizieren und erlebbar zu machen. In Kleingruppen werden Security-Challenges spielerisch erkundet, Neugier und Interesse geweckt – und die Teilnehmenden haben gemeinsam Spass. So entsteht ein entscheidender Effekt: Die Einstellung gegenüber Informationssicherheit verändert sich nachhaltig.

Dabei kommen unterschiedliche Spielansätze zum Einsatz. Im Escape Room „Hack The Hacker" erleben die Teilnehmenden beispielsweise, wie leicht sich kurze Passwörter knacken lassen. Bei der Schnitzeljagd „Track the Hacker" folgen sie den digitalen Spuren eines Angreifers. Im Tabletop-Rollenspiel „Piece of Cake" werden Social-Engineering-Fähigkeiten auf die Probe gestellt.

Der Escape Room „Hack The Hacker" ist seit August 2018 im Einsatz. Die Teilnehmenden durchlaufen drei Stationen, die sie durch eine spannende Mission führen: Nach einer Einführung in grundlegendes Security-Wissen wenden sie das Gelernte direkt zum Lösen von Rätseln an, um schliesslich den Hacker zu besiegen. Eine Nachbesprechung rundet die Erfahrung ab, wiederholt die zentralen Inhalte und sichert den Lernerfolg.

Wer „Hack the Hacker" (Abb. 3.7) einsetzen möchte, sollte sich über seine Erwartungen im Klaren sein. Die Entwicklung und Durchführung eines solchen Spiels ist sehr aufwendig. Monate der Vorbereitung, Tests, persönliche Spielbegleitung und begrenzte Gruppengrössen machen „Hack The Hacker"

Abb. 3.7 Hack the Hacker Escape Room: Von Dumpster Diving bis Passwort-Cracking

ressourcenintensiv. Jede Durchführung wird von zwei Personen geleitet, dauert zwei Stunden und trainiert maximal sechs Teilnehmende.

Wenn eine Organisation auf der Suche nach skalierbaren Trainings ist, empfehlen wir andere Massnahmen als unseren edukativen Escape Room. Wenn jedoch die Intention besteht, Einstellungen zu verändern, den Ruf zu verbessern und Menschen für Informationssicherheit zu gewinnen, sind edukative Spiele das Mittel der Wahl. Wer auf ein Spielkonzept wie „Hack The Hacker“ setzt, investiert Zeit und Ressourcen, erzielt aber auch einen starken Lerneffekt, Begeisterung und nachhaltiges Engagement (Abb. 3.8).

Unsere Erfahrung aus sieben Jahren „Hack The Hacker“ zeigt, was ein Edukationsspiel bewirken kann. Die praktische Erfahrung mit dem abstrakten Thema befähigt und ermutigt zur weiteren Beschäftigung mit Informationssicherheit. Viele Teilnehmende nutzen nun einen Passwortmanager und überzeugen auch ihr Umfeld davon. Erfahrungsgemäss ist der Gesprächsbedarf unter den Teilnehmenden gross, die Scheu, drängende Fragen zu stellen, jedoch noch grösser. Das spielerische Erlebnis als Team schafft einen vertrauenswürdigen Rahmen, um eigene Unsicherheiten zu diskutieren und anschliessend anzugehen.

Begeisterte Teilnehmende werden zu Security-Influencern, die ihre positiven Erfahrungen z. B. im kollegialen Gespräch in der Kaffeeecke weitergeben. Auf diese Weise wird die Wirkung des Workshops weit über dessen eigentliche Dauer hinaus multipliziert.

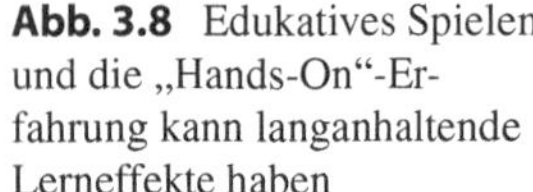

Abb. 3.8 Edukatives Spielen und die „Hands-On"-Erfahrung kann langanhaltende Lerneffekte haben

3.5 Toolkit Gamifizierung

Neben umfassenden gamifizierten Kampagnen wie der Phantom-Buster-Fallstudie gibt es eine Vielzahl weiterer interaktiver Formate. Diese lassen sich je nach Zielgruppe, verfügbaren Ressourcen und Lernzielen gezielt einsetzen. Das Spektrum reicht dabei von einfachen Quizzes bis hin zu aufwendigen Hackathons. In diesem Kapitel werden zunächst die Grundlagen der Gamifizierung erläutert und anschliessend anhand praktischer Beispiele dargestellt. Die darauffolgenden interaktiven Security-Awareness-Formate sind nach dem erforderlichen Aufwand geordnet.

3.5.1 Grundlagen Gamifizierung

Stellen Sie sich vor, Sie betreten das Videospiel „Super Mario". Sie erhalten Belohnungen, Sterne und Punkte wenn Sie einen Gegner und Hindernisse geschickt umgehen oder eine versteckte Münze finden. Lustige Spielcharaktere geben zwischendurch Tipps zur Spielfunktion. Diese lassen sich auch abschalten oder wegklicken. Neben der Darstellung Ihrer Spielfigur sehen Sie eine farbige Fortschrittsleiste, die bei jedem erreichten Levelabschnitt voller wird. So haben Sie immer im Blick, wie weit Sie bereits gekommen sind.

Kernelemente der Gamifizierung
Bekannte Spiele wie Super Mario decken oft die bewährten Kernelemente der Gamifizierung ab (Körner et al. 2024):

- Klare Ziele: Spielelemente unterstützen die Lernziele direkt
- Sinnvolle Elemente: Punkte, Abzeichen für die Zielgruppe und Kontext
- Feedback und Fortschritt: Schnelle Rückmeldung und Fortschrittsanzeige
- Wahlmöglichkeiten: Die Nutzer wählen Pfade, die zu ihrem Stil passen
- Nutzervielfalt: Berücksichtigung verschiedener Nutzergruppen und Vorlieben
- Evaluation: Regelmässige Anpassung anhand von Feedback
- Ethik: Es findet keine Manipulation oder Ausbeutung statt

Zentrale Spiel-Design-Elemente
Laut Deterding et al. (2011) lassen sich die Spielkomponenten gezielt in Security-Awareness-Kontexte übertragen. Im Folgenden finden Sie einige Beispiele für die Umsetzung:

Leistung und Fortschritt:

- Punkte: Vergabe für korrektes Phishing-Erkennen oder Schulungsteilnahme
- Abzeichen: Sichtbare Anerkennung wie „Phishing-Experte" oder „2FA-Meisterin"
- Feedback: Persönliche Dashboards zeigen die individuelle Entwicklung über Zeit

Sozialer Vergleich:

- Bestenlisten: Ranking des besten Security-Performers (optional abwählbar)
- Mitspielende: Team-Challenges zwischen Abteilungen oder gemeinsame Quests

Engagement & Emotion:

- Storytelling: Narrative Einbettung wie „Rette das Unternehmen vor Cyber-Kriminellen"
- Avatare: Eigener Avatar in einer Security-Lernplattform
- Zeitliche Begrenzung: Erhöht die Spannung, den Fokus und erzeugt Dringlichkeit

Motivation und Bindung:

- Belohnungen: Gutscheine, Goodies oder freigeschaltete Bonusspiele
- Strähnen: Belohnung für kontinuierliches Engagement über mehrere Tage/Wochen

Diese Elemente sprechen verschiedene psychologische Grundbedürfnisse an: Kompetenzempfinden (Abzeichen, Fortschritt), sozialen Anschluss (Teamspiele, Avatare) und Autonomie (Wahlmöglichkeiten) (Sailer et al. 2017).

Einbauen von Storytelling in Gamifizierungen

Geschichten im Unternehmenskontext sollten kurz, klar und effizient sein (Silic und Lowry 2020). Je nach Zielgruppe und verfügbaren Ressourcen kommen verschiedene narrative Ansätze infrage:

Einfache Umsetzung:

- Rahmennarrativ: Eine durchgängige Geschichte begleitet alle Challenges (z. B. siehe Phantom Buster)
- Charakterbezogen: Sympathische Figuren führen durch die Inhalte und schaffen eine emotionale Verbindung

Aufwendige Formate:

- Interaktiv: Die Teilnehmenden beeinflussen den Verlauf der Geschichte durch ihre Entscheidungen
- Kollaborativ: Teams lösen gemeinsam narrative Challenges in einem Community-Setting
- Missionsbasiert: Realistische Szenarien aus aktuellen Cybersecurity-Vorfällen dienen als Grundlage

Als Leitfaden kann auch die Hero's Journey verwendet werden (Schell 2008):

1. Die gewöhnliche Welt
2. Der Ruf zum Abenteuer
3. Die Weigerung
4. Begegnung mit dem Mentor
5. Überschreiten der Schwelle
6. Tests, Verbündete, Feinde
7. Annäherung an die tiefste Höhle

8. Die entscheidende Prüfung
9. Belohnung
10. Der Rückweg
11. Auferstehung
12. Rückkehr mit dem Elixier

Schell (2008) erklärt, dass eine überzeugende heroische Geschichte nicht zwingend alle klassischen Schritte durchlaufen muss. Bereits einige ausgewählte Elemente genügen, um Wirkung zu entfalten. Er empfiehlt, die Struktur zunächst nicht als Ausgangspunkt zu verwenden, sondern die Geschichte frei und intuitiv zu entwickeln. Im Anschluss kann die Heldenreise-Struktur herangezogen werden, um die Erzählung gezielt zu überprüfen, zu verfeinern und emotional wirkungsvoller zu gestalten.

3.5.2 Formate für den schnellen Einstieg

Diese Formate eignen sich ideal für erste Gamifizierung-Erfahrungen, da sie sich mit geringem Aufwand umsetzen lassen, ohne dass eine spezielle technische Infrastruktur oder eine umfangreiche Vorbereitungszeit benötigt wird.

Quizzes
Das Frage-Antwort-Spiel (z. B. Multiple Choice) eignet sich zur Überprüfung oder Wiederholung von Wissen.

Vorteile:

- Schnell umsetzbar
- Ideal für Wissens-Checks und Wiederholungen
- Gut skalierbar (z. B. über LMS, Intranet)

Nachteile:

- Kann oberflächlich bleiben
- Motivation variiert (vor allem bei Pflicht-Quizzes)
- Gefahr von „Ratetraining“ ohne Verstehen

Quizzes sind eine einfache Möglichkeit, Security-Wissen zu überprüfen. Das Ganze kann als Jahresabschlussquiz für alle Mitarbeitenden mit Preisen oder als Abschluss einer Kampagne gestaltet werden. Ebenfalls möglich ist die Kombination von Quizzes mit Videos und deren Nutzung als Aktivierung zwischendurch in E-Learnings.

Interaktive Vorträge mit Mentimeter, Kahoot! usw.
Bei diesen Vorträgen können die Teilnehmenden live über ihr Smartphone abstimmen, gemeinsam Wortwolken erstellen und anschliessend möglicherweise eine Rangliste einsehen.

Vorteile:

- Höhere Aufmerksamkeit und Beteiligung
- Direkte Feedbackmöglichkeit
- Einfache Umsetzung

Nachteile:

- Oft noch dominierende Einweg-Kommunikation
- Geringe Tiefe bei kurzen Formaten
- Braucht mehr Zeit in Vorträgen, da das Scannen nicht immer sofort klappt

Verwandelt klassische Vorträge in interaktive Formate mit direkter Beteiligung, z. B. über Wort-wolken oder Quizfragen.

Abgewandelte Spiele
Es werden bekannte Spielmechaniken aus Brett- oder Kartenspielen verwendet und an Security-Themen angepasst (z. B. Memory mit Passwortregeln).

Vorteile:

- Niedrigschwelliger Zugang
- Kreativ und flexibel einsetzbar
- Ideal für Workshops und Präsenztrainings

Nachteile:

- Eingeschränkter didaktischer Tiefgang
- Eher geeignet für Einsteiger-Levels
- Teilweise schwer messbarer Lerneffekt

Spiele, die auf diese Weise auf den Sicherheitskontext angewandt werden, bieten nur einen geringen Lernfaktor. Dennoch können sie helfen, einen Einstieg in die Thematik zu finden, ohne zu überfordern. Solche Spiele eignen sich für Personen, die noch wenig mit Sicherheit zu tun hatten, um ihre Neugier zu wecken. Vorteilhaft ist es, wenn bekannte klassische Spiele genutzt werden, die die Spielenden nicht mehr erlernen müssen, sodass es nur um die Inhalte geht.

3.5.3 Formate mit mittlerem bis hohem Aufwand

Die folgenden Ansätze erfordern eine intensivere Planung und mehr Ressourcen, bieten dafür aber nachhaltiges Engagement und tiefere Lernerfahrungen. Sie sind ideal für etablierte Security-Awareness-Programme.

Wettbewerbe und Challenges
Individuelle oder teambezogene Aufgaben (z. B. Punkte für richtiges Verhalten, Security-Rätsel), häufig zeitlich begrenzt oder mit Bestenlisten.

Vorteile:

- Spass und Motivation durch Wettbewerb
- Fördert Wiederholung und Engagement
- Sichtbarkeit des Themas steigt im Unternehmen

Nachteile:

- Kann zu kurzfristigem Lernen führen
- Schlechtere Platzierungen können demotivieren
- Weniger geeignet für tiefergehende Lernziele

Es fördert die Motivation durch spielerischen Wettbewerb, z. B. zwischen Abteilungen oder bei Awareness-Wochen.

Besondere Leistungen auszeichnen und Storytelling
Besondere Leistungen sollten gelegentlich mit einem Geschenk belohnt und in einem Intranet-Artikel erwähnt, verfilmt oder im Newsletter veröffentlicht werden. Dies kann auch in Form eines Interviews erfolgen, um die Person und ihre Geschichte in den Mittelpunkt zu rücken.

Vorteile:

- Hohe Sichtbarkeit und Vorbildwirkung
- Emotionale Verbindung durch persönliche Geschichten
- Es motiviert sowohl den Gewinner als auch andere Mitarbeitende

Nachteile:

- Nicht alle möchten öffentlich hervorgehoben werden
- Aufwand für die Content-Erstellung
- Es besteht die Gefahr von Neid oder wahrgenommener Ungerechtigkeit

Ein „Security-Score"-Programm einführen.
Ein monatlicher oder quartalsweiser Wettbewerb, bei dem Personen mit einem Zertifikat ausgezeichnet werden, die sich besonders sicher verhalten haben. Mögliche Kriterien sind: Phishing korrekt erkannt, schnelle Meldung von Simulationen, freiwillige Teilnahme an Events oder ausserordentliche Sicherheitsleistungen.

Vorteile:

- Klare, messbare Kriterien schaffen Transparenz.
- Regelmässige Motivation durch wiederkehrende Chancen
- Der soziale Vergleich spornt zusätzlich an.

Nachteile:

- Gefahr von reiner Punktejagd statt echtem Sicherheitsbewusstsein
- Technischer Aufwand für Tracking und Auswertung
- Es kann Konkurrenzdenken fördern statt Zusammenarbeit.

Die Kriterien müssen transparent und erreichbar sein. Ein attraktiver Preis, beispielsweise ein Smartphone, fördert die Teilnahme. Wenn technisch möglich, sollte jeder seinen Rang in einer anonymisierten Liste einsehen können. Eine Alternative ist ein Wanderpokal, den der vorherige Gewinner dem nächsten überreicht. Dadurch entstehen auch Netzwerkeffekte.

Dashboards und persönliches Feedback
Die Mitarbeitenden erhalten eine individuelle Übersicht über ihre eigenen Sicherheitsleistungen mit Kennzahlen wie der Phishing-Erkennungsrate, der Meldegeschwindigkeit und den Trainingsergebnissen. Zudem wird ein Vergleich zum Unternehmensdurchschnitt angezeigt.

Vorteile:

- Die persönliche Entwicklung wird sichtbar und messbar
- Kontinuierliches Feedback statt punktueller Bewertung
- Selbstreflexion und eigenverantwortliches Lernen

Nachteile:

- Hoher technischer Implementierungsaufwand
- Datenschutzrechtliche Herausforderungen
- Es kann Leistungsdruck und ein Überwachungsgefühl erzeugen

Events als Türöffner und Stärkung des Meldewesens

Event-Formate eignen sich besonders gut, um Aufmerksamkeit für ein Thema zu erzeugen und es sichtbar zu machen. Durch die Schilderung von Experten und realen Fällen aus ihrem Alltag wird die unsichtbare Gefahr greifbarer. Wichtig dabei ist, dass Fragen gestellt werden können und die Verantwortlichen für Cybersicherheit anwesend sind.

Vorteile:

- Hohe Aufmerksamkeit und Sichtbarkeit
- Interaktive Teilnahme und direkte Ansprache
- Förderung des Netzwerkens
- Direktes Feedback
- Steigerung der Bekanntheit der Sicherheitsabteilung

Nachteile:

- Aufwand und Kosten
- Limitierte Teilnehmerzahl
- Technische Risiken bei Live-Demonstrationen
- Zeitlich und räumlich begrenzt

Ideen für Events: Cyber-Security-Talks über Mittag mit Sandwiches, Live-Demonstrationen zu Deepfakes, Berichte zu durchgeführten Angriffssimulationen, Panel-Talks mit Diskussionsrunden, Abendveranstaltungen.

Ein Bonuseffekt ist, dass die Cyber-Security-Abteilung nicht nur als „Polizei“ innerhalb der Unternehmung wahrgenommen wird, sondern auch positive Aktionen durchführt und der Belegschaft etwas zurückgibt. Die Präsenz der Awareness-Verantwortlichen an Events sorgt zudem dafür, dass die Ansprechpersonen besser bekannt sind und leichter kontaktiert werden können. Das stärkt wiederum das Meldewesen.

Workshops mit Experten

Externe oder interne Fachleute erläutern beispielsweise die Risiken und Potenziale von Künstlicher Intelligenz (KI) und leiten praxisorientierte Übungen an.

Vorteile:

- Aktuelles Expertenwissen
- Praxisorientierte Übungen
- Unmittelbare Fragemöglichkeiten

- Direktes Feedback
- Steigerung Bekanntheit der Sicherheitsabteilung
- Interaktive und nachhaltige Wissensvermittlung

Nachteile:

- Organisatorischer Aufwand
- Limitierte Teilnehmeranzahl
- Ressourcenintensiv
- Teilnehmerengagement erforderlich
- Terminkoordination

Live-Demonstrationen neuer Angriffe
Demonstrationen echter Angriffe oder Vorfälle (z. B. Demonstration eines Deepfakes, oder Voice Cloning).

Vorteile:

- Starker Eindruck durch Realitätsnähe
- Sehr motivierend und aufmerksamkeitsstark
- Fördert Bewusstsein („Aha-Effekt")

Nachteile:

- Vorbereitungstechnisch aufwendig
- Manchmal technisch oder linguistisch schwer zugänglich
- Kurzlebig, wenn nicht gut eingebettet

Live-Hacks sind zunehmend schwieriger durchzuführen, da die technischen Gegebenheiten stark variieren und häufig der Einwand kommt: „Bei uns würde das aber nicht funktionieren."

Live-Deepfakes sind eine neue Form solcher Demonstrationen und zeigen anschaulich, wie leicht sich jemand mit einem Foto manipulieren lässt. Auch hierbei gibt es jedoch bestimmte technische Herausforderungen. Eine vorab produzierte, auf die jeweilige Vortragszielgruppe zugeschnittene Aufnahme kann daher eine sinnvolle Alternative darstellen.

Social Engineering Simulationen und Vorträge darüber

Orchestrierte Tests, wie beispielsweise Phishing-Mails oder Vishing-Anrufe, dienen dazu, die Reaktionen der Mitarbeitenden auf Manipulationsversuche realitätsnah zu prüfen und Schwachstellen aufzudecken.

Vorteile:

- Realistische Bedrohungssimulation
- Besseres Verständnis der eigenen „Lücken"
- Effektive Evaluierung von Massnahmen

Nachteile:

- Sollte sensibel durchgeführt werden, um das Vertrauen nicht zu verlieren
- Erfordert Datenschutzabklärung und Kommunikation
- Keine Schulung im engeren Sinne, braucht begleitende Lernmassnahmen

Nach Durchführung der Tests sind begleitende Massnahmen entscheidend: Die Ergebnisse können beispielsweise in einer Veranstaltung präsentiert, von Vorgesetzten in Teammeetings kommuniziert oder im Intranet veröffentlicht werden. Dabei ist es wichtig, den Tonfall an die jeweilige Unternehmenskultur anzupassen, um Fingerzeig und Schuldzuweisungen vorzubeugen, denn nicht überall herrscht eine ausgeprägte Fehlerkultur.

Solche Angriffssimulationen bieten jedoch eine grosse Chance, die Security Awareness zu steigern. Es kann hilfreich sein, den betroffenen Personen Dank auszusprechen oder ihnen kleine Anerkennungen durch die Sicherheitsabteilung zu überreichen.

3.5.4 Spezielle und Technische Formate

Diese Formate richten sich primär an technisch versierte Zielgruppen oder erfordern spezielle Expertise und Infrastruktur. Sie können jedoch besonders nachhaltige und praxisnahe Lernerfahrungen ermöglichen.

Serious Games und Immersive Labs

Serious Games sind vollständige spiele mit Lernziel, Immersive Labs hingegen sind Trainingsplattformen mit realistischen, interaktiven Cybersecurity-Simulationen. Das Wichtige dabei ist, dass Benutzende aktiv Szenarien durchspielen (z. B. Angriffsanalysen), um Fachwissen und Sicherheitsverhalten praktisch zu erlernen.

Vorteile:

- Interaktives und praktisches Lernen
- Realistische Trainingsumgebungen
- Gut für technische Zielgruppen (z. B. Admins, Analystinnen)

Nachteile:

- Teilweise hohe Einstiegshürde (technisch)
- Lizenzkosten möglich
- Motivation variiert je nach Spieltyp

Für Sicherheitsverantwortliche ist es oft schwierig, Schulungen zu entwickeln, die technisch versierte Mitarbeitende wirklich ansprechen und motivieren. Diese Zielgruppe lernt lieber selbstständig, steckt viel Zeit und Energie in das eigenständige Ausprobieren und Verstehen und lernt so am besten. Standard-E-Learnings, die vor allem zum schnellen Durchklicken animieren, entsprechen diesem Lernstil meist nicht. Daher sind praxisnahe Labs oder interaktive Formate deutlich besser geeignet, um technisches Personal effektiv und nachhaltig zu schulen.

Physische Escape Rooms
Hier werden simulierte Sicherheitsvorfälle (z. B. Cyberangriff, Datenleck) in spielerischer Form „erlebt" und interaktiv gelöst. Ein eigener Escape-Raum oder der Besuch eines solchen können den Lerneffekt verstärken, da das Gelernte mit erlebten Emotionen verbunden wird und somit greifbarer ist (siehe Abschnitt „Praxisbeispiel: Escape Room „Hack The Hacker" bei Switch").

Vorteile:

- Hohe Motivation und Engagement
- Forderung Teamarbeit und Problemlösefähigkeiten
- Sehr realitätsnahe Anwendung von Wissen

Nachteile:

- Hoher Vorbereitungsaufwand
- Schwierig skalierbar für grosse Gruppen
- Kann ohne Anleitung verwirrend sein

Für Sicherheitsverantwortliche bedeutet die Einrichtung, Pflege und Aufrechterhaltung des Escape-Raums einen hohen Aufwand. Wenn er gut gemacht ist, kann sich dieser Aufwand jedoch lohnen.

Hackathons
Intensive Workshops (oft ein bis drei Tage), in denen Teams Lösungen für konkrete Sicherheitsprobleme entwickeln.

Vorteile:

- Förderung von Kreativität, Eigenverantwortung und technischem Wissen
- Starke Motivation durch Praxisbezug
- Resultate können direkt im Unternehmen nutzbar sein

Nachteile:

- Hoher Planungsaufwand
- Zielgruppe meist technisch orientiert
- Nicht für Einsteiger oder breites Publikum geeignet

Hackathons fördern ein tiefes Verständnis und Innovation. Sie können intern genutzt werden, um Awareness-Tools oder Kampagnen zu entwickeln. Auch hier ist es ein gutes Mittel, um die technische Zielgruppe anzusprechen.

3.6 Abschluss

Stellen Sie sich vor Ihre Mitarbeitenden freuen sich auf die nächste Security-Kampagne. Sie diskutieren in der Kaffeepause über Phishing-Tricks, teilen stolz ihre Phantom Buster-Abzeichen und entwickeln in Hackathons kreative Lösungen für echte Sicherheitsprobleme. Was nach Utopie klingt, kann die Autorin aus eigener Erfahrung bestätigen, dass es möglich ist.

Dazu braucht es oft nicht viel, aber eines ist sicher: den Mut, vom Status quo abzuweichen und auch einmal eine „Niete“ zu riskieren. Die Investition in solche Formate zahlt sich nicht nur durch höhere Teilnahmequoten aus, sondern trägt auch dazu bei, dass Cybersicherheit von einer lästigen Pflicht zu einem positiv besetzten Thema wird.

Literatur

Caserman P, Kim Annabell B, Stefan G, Oliver K (2024) „A Best Practice for Gamification in Large Companies: An Extensive Study Focusing Inter-Generational Acceptance". Multimedia Tools and Applications 83, Nr. 12 35175–95. https://doi.org/10.1007/s11042-023-16877-7. Zugegriffen: 01. Apr 2024

Deterding S, Dan D, Rilla K, Lennart N (2011) „From game design elements to gamefulness: defining ‚gamification'". In Proceedings of the 15th International Academic MindTrek Conference: Envisioning Future Media Environments, 9–15. MindTrek '11. New York, NY,USA:AssociationforComputingMachinery.https://doi.org/10.1145/2181037.2181040

Hung Aaron Chia Yuan (2017) „A Critique and Defense of Gamification". J. Interact. Online Learn Number 1, Summer Nr. Volume 15. https://www.researchgate.net/publication/317975418_A_critique_and_defense_of_gamification. Zugegriffen: 01. Jan 2024

Körner S, Benjamin B, Mario SS (2024) Gamification in der Hochschullehre: Ein praktischer Leitfaden für Dozent*innen. Wiesbaden: Springer Fachmedien. https://doi.org/10.1007/978-3-658-45130-1

Sailer M, Jan Ulrich H, Sarah Katharina M, Heinz M (2017) „How gamification motivates: An experimental study of the effects of specific game design elements on psychological need satisfaction". Computers in Human Behavior 69: 371–80. https://doi.org/10.1016/j.chb.2016.12.033 Zugegriffen: 01. Apr 2024

Schell J (Hrsg) (2008) The Art of Game Design. Boston: Morgan Kaufmann. https://doi.org/10.1016/B978-0-12-369496-6.00043-0

Silic M, Paul Benjamin L (2020) „Using Design-Science Based Gamification to Improve Organizational Security Training and Compliance". J. Manag. Inf. Syst 37, Nr. 1: 129–61. https://doi.org/10.1080/07421222.2019.1705512. Zugegriffen: 01. Jan 2020

Phishing- und Social-Engineering-Angriffssimulationen

4

4.1 Abstract

Phishing- und Angriffssimulationen spalten die Gemüter der Verantwortlichen für Security Awareness. In diesem Kapitel werden die Vor- und Nachteile solcher Angriffssimulationen kritisch beleuchtet. Das Experteninterview mit dem ethischen Social Engineer und Sicherheitsexperten Ivano Somaini zeigt ebenfalls, dass es bei diesem Thema nicht nur Schwarz oder Weiss, also richtig oder falsch, gibt. Der Fokus sollte bei allen Angriffssimulationen in erster Linie auf der Erzeugung von Awareness liegen und nicht darauf, um jeden Preis einzudringen oder jemanden „reinzulegen". Ivano Somaini berichtet zudem aus der Praxis, welche Taktiken im Social Engineering erfolgreich sind und was am besten getestet werden sollte.

Anschliessend führt das Kapitel durch ein praxistaugliches Toolkit mit Checklisten, rollenspezifischen Beispielen und psychologischen Merkmalen von Täterstrategien. Es enthält Leitfäden für die Implementierung von Angriffssimulationen, von der Tool-Auswahl bis zur transparenten Kommunikation der Ergebnisse.

Das Kapitel schliesst mit der Erkenntnis, dass das Thema kontrovers bleibt und es sich nicht als isolierte Massnahme eignet, sondern in ein umfassendes Awareness-Programm integriert werden sollte.

4.2 Einführung

Wer kennt sie nicht, diese Phrasen: „Lieber Kunde, wir haben die Sicherheitsempfehlungen aktualisiert", „Klicken Sie hier" oder „Jetzt Konto aktualisieren"? Cybercrimepolice.ch, die offizielle Informationsseite der Abteilung Cybercrime

J. Wick, *Security-Awareness-Tools*,
https://doi.org/10.1007/978-3-658-51112-8_4

der Kantonspolizei Zürich, veröffentlicht alle zwei bis drei Tage ein neues Online-Betrugsmuster. Darunter befindet sich ein grosser Anteil mit dem allseits bekannten Muster „Phishing". Diese betrügerischen E-Mails sind so konstruiert, dass sie die Unternehmenskommunikation von vertrauensvollen Marken wie beispielsweise der Post, Swisscom oder Banken täuschend echt nachstellen, um an Zugangsdaten und Finanzinformationen zu gelangen.

Das Bundesamt für Cybersicherheit (VBS, 2025) erwähnt in seinem Halbjahresbericht 2024/2, dass betrüger zunehmend auch andere Kanäle nutzen. Dabei werden Kanäle wie Telefon, QR-Codes, SMS, Soziale Medien, Deepfakes und Messenger-Dienste im sogenannten Multi-Channel-Phishing kombiniert (SoSafe 2025). Durch KI können Angriffe gezielter und schneller ablaufen. Diese Art von Angriffen ist mit geringen Risiken und Kosten verbunden und wird in absehbarer Zeit nicht aufhören.

Wie wirkungsvoll Phishing-Trainings sein können, zeigt eine Fallstudie aus einer Finanzinstitution. In einer ersten Testphase öffneten 23 % der über 20.000 Mitarbeitenden eine gezielte Phishing-Mail. Nach gezielter Wissensvermittlung sank diese Zahl vier Monate später bei fast gleicher Teilnehmerzahl auf nur noch 6 % (Chatchalermpun und Daengsi 2021). Dieses Ergebnis deckt sich mit der Erfahrung aus der Praxis. Es zeigt, wie sich das Sicherheitsverhalten durch kontinuierliche, realitätsnahe Schulungen beeinflussen lässt.

Es gibt jedoch auch Argumente gegen die Durchführung von Phishing--Simulationen. Im weiteren Verlauf dieses Abschnitts werden die Vor- und Nachteile genauer erläutert und Instrumente zur Durchführung vorgestellt.

4.3 Praxiseinblick: Experteninterview mit dem ethischen Hacker Ivano Somaini

Um zu verstehen, wie Angriffssimulationen in der Praxis funktionieren, wurde ein Experteninterview mit Ivano Somaini geführt. Er ist ein erfahrener ethischer Social Engineer und Cybersecurity-Experte. Seine Erfahrung stammt aus zahlreichen Penetrationstests, in denen er verschiedene Angriffsarten aufzeigt und erläutert, worauf bei der Durchführung geachtet werden sollte. Tester wie Ivano überprüfen durch simulierte Angriffe Mitarbeitende, Prozesse und Sicherheitsmassnahmen gegenüber Manipulationstechniken. Die Tests sind gewaltfrei und werden ausschliesslich durch psychologische Tricks, Gesprächsführung und beispielsweise gefälschte Dokumente durchgeführt.

Im folgenden Abschnitt folgt ein Bericht der wichtigsten Erkenntnisse aus dem Interview mit Ivano:

Welche Grundsätze sind wichtig, wenn jemand Social Engineering betreibt?
„Mein Ziel ist es, so viel Awareness wie möglich zu erzeugen. Unabhängig davon, ob wir es schaffen, reinzugehen oder nicht.“

Der Hauptfokus von Social Engineers liegt zu oft darauf, um jeden Preis in eine Unternehmung einzudringen, die mit den Kunden ausgemachten Bereiche zu betreten oder sensible Daten zu erhalten. Der Fokus sollte jedoch mehr auf Sensibilisierung gelegt werden. Social Engineers sollten Mitarbeitende deshalb auch erkennen können. Er spricht sich klar für faire Tests aus. Das kann auch auf Phishing-Simulationen angewendet werden. Problematisch wird es jedoch, wenn Auftraggeber bewusst bestimmte Personen „reinlegen“ wollen. Er sieht darin ein Führungsproblem: Wenn Vorgesetzte solche Situationen nicht auf andere Weise lösen können und stattdessen zu verdeckten Tests greifen, deutet das auf grundlegende Managementdefizite hin.

Werden Social Engineers während eines Tests entdeckt, hat das mehrere positive Effekte:

- Stressreduktion für den Tester: Der Pentester arbeitet entspannter, da er weiss, dass die Entdeckung Teil des Plans ist.
- Beweis der Erkennbarkeit: Anderen Mitarbeitenden wird demonstriert, dass eine Erkennung möglich ist.
- Positive Verstärkung: Die Person, die den Test erkannt hat, kann belohnt und als Vorbild präsentiert werden.

Entgegen der Vermutung, dass komplexe Angriffe beeindruckender sind, zeigt die Praxis das Gegenteil. Ivano sagt: „Wenn du einen extrem simplen Weg findest, ist das ein viel stärkeres Statement, als wenn ich mich vom Dach abseilen lasse. Denn dann zeigst du: Das könnte jede Person machen.“ Dennoch bieten komplexere Angriffe meist den interessanteren Stoff fürs Storytelling in einer Debriefing-Session im Gegensatz zu einem schlichten „Wir sind einfach reingelaufen.“

Welche Erkenntnisse konnten durch die Durchführung von Phishing--Simulationen gewonnen werden?
„Nur einen kleinen Schritt mehr zu gehen und eine kurze Recherche zur Firma zu machen, erhöht die Klickrate enorm. Man sagt zum Beispiel, man könne einen Gutschein für ein Restaurant in der Nähe gewinnen, und schaut dann, wo sich der Hauptsitz der Firma befindet. Dann sucht man einfach vier oder fünf gute Restaurants in der Nähe des Hauptsitzes aus. So sieht es schon viel glaubwürdiger aus.“ Ivano erklärt, dass Phishing-E-Mails nicht einmal stark an die Zielgruppe angepasst sein müssen, aber allein diese kurze Recherche erhöht die Glaubwürdigkeit schon erheblich.

Auch bei simulierten „Business-E-Mail-Compromise"-Angriffen (BEC) wirkt der Kontext sehr überzeugend. Ivano sagt dazu: „Beim Phishing ist es leider immer sehr erfolgreich, wenn du eine ganze Kommunikation nachbaust. Das heisst, wenn wir uns zum Beispiel über einen längeren Zeitraum hinweg E-Mails geschrieben hätten, leitest du diese weiter und sagst, ich habe das mit Jill besprochen, du könntest das übernehmen. Dann liest es sich, als wäre alles wirklich durchgesprochen worden. Aber das haben wir uns alles ausgedacht. Das ist leider eine sehr effektive Methode."

Was wurde speziell bei physischen Social Engineering Tests beobachtet?
Das Szenario muss stets an die jeweilige Unternehmung und deren Grösse angepasst werden. In einer grossen Bank kann man beispielsweise mehrmals am Tag versuchen, jemandem zu folgen (Tailgating), um ohne Badge ins Haus zu gelangen. In einem kleineren Unternehmen mit 50 bis 100 Mitarbeitern tauschen sich die Leute jedoch schnell aus, sodass der Plan auffliegt. Ivano betont auch, wie wichtig Nuancen sind. „Letztens sind wir bei einer Bank aufgefallen, weil unsere Anzüge zu billig aussahen. Wenn du Top-Banker, also eher Elite-Banker, hast, dann wissen die, wie ein teurer Anzug aussieht. Wir IT-ler tendenziell nicht."

Ivanos Einbruch flog schon einmal auf, weil etwas für die Mitarbeitenden nicht stimmte. Seine Lektion daraus: „Wenn du eine Rolle spielen willst, ist es als Social Engineer sicher gut, eine Rolle zu spielen, die die Zielpersonen nicht so gut kennen. Denn sonst könnten sie auch kleine Details bemerken."

Ein weiterer misslungener Versuch war es, sich als Läuse-Experte auszugeben, um die Pflanzen auf Läuse zu kontrollieren. „Wir haben gesagt, dass ein anderer Kunde von uns jetzt auch Läuse auf der bestimmten Pflanze hat. Deshalb überprüfen wir alle Kunden, die die gleichen Pflanzen in ihren Räumlichkeiten haben. Das Problem war jedoch, dass der Mann, der uns empfangen hat, einen grünen Daumen hatte. Unser Spezialist hatte relativ wenig Ahnung, aber er sollte der Gärtner sein. Sie haben das nicht direkt angesprochen, aber sie haben ihn keine einzige Minute aus den Augen gelassen."

Ivano empfiehlt, es einfach zu halten: „Dann gehst du lieber als Elektriker oder noch besser als IT-ler. Dort kannst du über viele Dinge sprechen und bist im Vorteil."

Wie unterscheidet sich das Vorgehen von Testern und Betrügern?
Ivano empfiehlt, gewisse Mittel nicht zu verwenden. Er lehnt es beispielsweise ab, durch seine Tests negative Emotionen zu erzeugen. „Es gibt Leute, die behaupten, sie könnten den Feueralarm auslösen. Dann laufen alle raus und du kannst reingehen. Das ist kontraproduktiv."

Wenn Mitarbeitende erfahren, dass ihr Unternehmen sie bewusst gestresst hat, konzentrieren sie sich eher auf ihren Ärger als auf den Lerneffekt. Dasselbe gilt für Phishing-Simulationen. Als Beispiel nennt er die Zeit der Corona-Pandemie: „Damals wurde diskutiert, ob man Phishing-Simulationen machen sollte, in denen das Thema Corona aufgegriffen wird. Du weisst nicht, was passiert, wenn du Tausende von E-Mails verschickst und zwei bis fünf Prozent der Empfänger haben jemanden zu Hause verloren oder sind wegen Corona in einer schlimmen Situation."

Wie bereiten sich Tester auf Social Engineering Angriffe vor?
Die Vorbereitungen variieren stark. Am Anfang steht laut Ivano die Frage: „Wer ist mein Gegner? Wenn du eine Firma mit einer Vereinzelungsanlage und patrouillierenden Leuten hast, dann ist es schon eine andere Liga."

Er erzählt, dass vorhergehende Recherchen nützlich sein können und wie Brandschutz- oder Sicherheitskontrollen mithilfe gefälschter Einladungs-E-Mails gut funktionieren: „Wir haben einmal OSINT betrieben und die Pläne der Belüftungsanlage gefunden. Dann sind wir vorbeigegangen und haben gesagt, dass wir diese Geräte warten müssen, und sie hatten die Badges schon für uns vorbereitet!"

Am besten funktioniere es, wenn die Tester zuerst die Prozesse herausfinden und sich daran halten oder diese ausnutzen können. Er erzählt von einem Test, bei dem sie zunächst den Prozess der Badgegewährung in Erfahrung brachten. Dazu gingen sie zu zweit zum Empfang und kündigten an, dass sie für den nächsten Tag einen Besucherausweis benötigen würden. „Ich tat so, als wäre ich sehr nervös und als wäre ich ein Mitarbeiter der Firma. Dann sagte ich: ‚Schau, ich muss morgen einen Besucher hereingelassen, aber ich werde dann in einer Sitzung sein.' Mit wem muss ich sprechen, damit er morgen mit dem Badge selbst reingehen und zu mir in die Sitzung kommen kann? In zwei Minuten muss ich leider auf den Zug'" Die Empfangsdame gab ihm sofort die korrekte E-Mail-Adresse und die Informationen, die er schreiben musste. Das taten wir dann auch. „Am nächsten Tag ging mein Kollege einfach an die Rezeption. Der Badge war schon für ihn vorbereitet."

Welche psychologische Technik ist am effektivsten?
„Wir Schweizer sind wirklich hilfsbereit", stellt Somaini fest. Diese kulturelle Eigenschaft macht Social-Engineering-Angriffe besonders erfolgreich. Oft ist es wirkungsvoller, Menschen dazu zu bringen, von sich aus Hilfe anzubieten, als direkt um Hilfe zu bitten. Dringlichkeit sei auch gut, solange sie positiv bleibt. Nicht à la: „Entweder du machst das, und dann passiert dir das."

Ivano erzählt von einem Test, bei dem er die erste Hürde bereits genommen hatte und sich bereits im Gebäude befand. Seine Aufgabe war es, das HR-Büro zu finden. Als er es schliesslich fand, war es gesperrt und er benötigte eine zusätzliche Berechtigung. „Was habe ich gemacht? Ich stand ausserhalb der Tür und wartete mit dem Handy in der Hand. Sobald jemand herauskam, tat ich so, als ob ich mit Martin am Telefon verbunden wäre und sagte: ‚Ja, Martin, ich bin schon im Gebäude, aber ich finde das HR-Büro nicht.'" Die Person, die herauskam, fragte von sich aus: „Kann ich helfen?" So brachte die Person ihn dann hinein. „Das ist noch besser, weil die Person selbst das Gefühl hat, die Konversation gestartet zu haben, obwohl ich sie dazu angeregt habe. So wird man weniger als Angreifer wahrgenommen, wenn man die Person zu sich lockt."

Merken die Leute auch etwas und wie reagieren sie auf deine Tests?
Ivano bemerkt oft, dass den Leuten etwas auffällt, sie aber nichts sagen. Für ihn ist es viel schwieriger, in Firmen mit einer offenen Kultur und Transparenz reinzukommen.

Ivano sah an einem positiven Beispiel, wie eine solche Kultur erreicht werden kann. Ein CEO, der selbst auf eine Phishing-E-Mail hereingefallen war, kommunizierte dies transparent und sagte: „Ich bin gephished worden!" Damit machte der CEO deutlich, dass er mitzieht, hinter der Massnahme steht und niemand ausgenommen wird. Diese Offenheit hat mehrere Vorteile: Sie entstigmatisiert Fehler, fördert eine Fehlerkultur und setzt ein starkes Vorbild.

Gibt es noch etwas hinzuzufügen? Wo sind die ethischen Grenzen?
Ivano erwähnt noch einmal, dass man den Auftraggebern allenfalls gegenhalten und argumentieren muss: „Beispielsweise wollen Auftraggeber immer wieder, dass man in den Serverraum hineingeht. Aber das ist gar nicht realistisch. Das würde bedeuten, dass ein Angriff mit Sabotage- oder Zerstörungsabsicht der Hintergrund ist. Realistischer sind jedoch deutlich einfachere Szenarien, die wahrscheinlicher auftreten, wenn es darum geht, in ein Firmennetz einzudringen oder vertrauliche Informationen zu stehlen."

Wenn es einen einfacheren Weg gibt, um hineinzukommen, dann sollte dieser genutzt werden. Ivano modelliert zunächst den Angriff. Er überlegt, wie sie es schaffen können, von A nach B zu kommen, und gestaltet diesen Weg so einfach wie möglich.

Die Erfahrungen von Ivano Somaini unterstreichen die Bedeutung des „Awareness-First"-Ansatzes bei Social-Engineering-Tests. Erfolgreiche Programme zeichnen sich durch Transparenz, realistische Szenarien und die bewusste Integration von Erkennungsmöglichkeiten aus. Der Fokus liegt dabei nicht auf möglichst raffinierten Angriffen, sondern auf nachhaltigen Lerneffekten und der Förderung einer positiven Sicherheitskultur.

4.4 Toolkit Phishing, Social Engineering- und Angriffssimulationen

Bei Angriffssimulationen steht der Faktor Mensch im Mittelpunkt. Einerseits sind Menschen das Einfallstor für viele Cyber-Security-Angriffe, andererseits stellen sie auch einen wichtigen Teil der Abwehrmassnahmen dar. Eine gängige Methode, um Mitarbeitende zu schulen, wie sie mit Phishing-E-Mails und anderen Angriffen umgehen sollen, ist die Simulation solcher Angriffe. Mithilfe eines Trainingssystems werden E-Mails verschickt, um die Belegschaft zu testen und herauszufinden, ob sie diese korrekt als Phishing erkennt und meldet. Zuletzt bleibt jedoch anzumerken: Bei diesem Thema scheiden sich in der Awareness-Welt die Geister.

4.4.1 Was gegen Phishing- und Angriffssimulationen spricht

Frau Meier arbeitet seit mehreren Jahren als Buchhalterin in einem grossen Unternehmen. Während ihrer regulären Arbeitszeit erhält sie immer wieder simulierte Phishing-Angriffe, mit denen das Unternehmen testen möchte, ob Mitarbeitende betrügerische Nachrichten erkennen. Klickt Frau Meier auf einen Link in diesen Tests, öffnet sich sofort eine spezielle Lernseite mit kurzen Erklärungen, die zeigen, woran der Betrugsversuch zu erkennen gewesen wäre. Anfangs reagiert Frau Meier vorsichtig und lernt aus ihren Fehlern. Doch mit der Zeit gewöhnt sie sich an die harmlosen Übungen. Als schliesslich eine echte Phishing-Mail in ihrem Posteingang landet, wirkt auch diese für sie nur wie ein weiterer Test. Sie klickt und bemerkt ihren Fehler nicht einmal, da scheinbar nichts passiert und der Download der Malware im Hintergrund abläuft.

Falsche Trainings können nicht nur nutzlos sein, sondern auch schaden. So zeigte beispielsweise eine Studie von Lain et al. (2022) zu Phishing, dass Mitarbeitende nach wiederholten, industrieüblichen Phishing-Schulungen in simulierten Angriffen eher auf schädliche Links klickten als zuvor.

Laut der Studie könnten folgende Gründe für eine erhöhte Phishing-Anfälligkeit durch eingebettetes Training verantwortlich sein: Gewöhnungseffekt und Unachtsamkeit. Der Trainingsinhalt wird selten wirklich aufgenommen. Phishing ist häufig ein Aufmerksamkeitsproblem. Insgesamt hält die Studie fest, dass wiederholte, standardisierte Trainingsmassnahmen ohne neue Ansätze oder individualisierte Inhalte mit der Zeit eher zu einer Abstumpfung als zu nachhaltigem Schutz führen können.

Gegen eingebettete Trainings nach Phishing-Simulationen spricht einiges. Eine weitere, eher neuere Studie der Universität San Diego (Ho et al. 2025) untersuchte in einer Gesundheitsorganisation mit 19.500 Angestellten den Effekt von Phishing-Trainings. Das Training führte nur zu einem geringen Unterschied in der Fehlerquote (1,7 Prozentpunkte). Viele Teilnehmende nutzten das Lernmaterial kaum. Insgesamt klickten 56 % mindestens einmal auf einen Phishing-Link, besonders bei realistisch wirkenden Ködern wie Urlaubsansprüchen oder internen Protokollen.

Auch gegen das Durchführen von Phishing-Simulationen selbst nennt die Forschung einige Gegenargumente. Wenn die Angriffe schlecht gemacht sind, können sie bei den Mitarbeitenden Frust hervorrufen, weil sie das Gefühl haben, von ihrer Arbeit abgelenkt zu werden. Sie sehen die Simulationen dann eher als „Beschäftigungstherapie“ der Sicherheitsabteilung und der Lerneffekt ist minimal. Wenn die Angriffe zu gut gemacht sind oder nicht angekündigt werden, fühlen sich die Mitarbeitenden ausgetrickst und ihr Vertrauen wird auf die Probe gestellt. Zudem können die Simulationen die IT-Support-Abteilung durch eine Vielzahl von Rückfragen belasten. Ein weiterer negativer Effekt ist, dass, wenn der E-Mail-Filter den grössten Teil der echten Phishing-E-Mails abfängt, das Gefühl entstehen kann, dass alle Phishing-E-Mails von der Sicherheitsabteilung kommen. Die Mitarbeitenden können sich dann in einer falschen Sicherheit wiegen, weil sie diese für eine weitere Übung halten. Der Aufwand für gut gemachte Phishing-Simulationen ist demnach hoch.

4.4.2 Was für Phishing- und Angriffssimulationen spricht

Was spricht dennoch dafür, Phishing- und andere Angriffssimulationen durchzuführen? Aufgrund der psychologischen Theorie des „Lerntransfers“ könnten Angriffssimulationen die einzige effektive Methode sein, um Menschen beizubringen, mit Angriffen umzugehen. Dieses Prinzip besagt, dass Wissen oder Verhaltensweisen aus einer Lernsituation nur auf neue Situationen übertragen werden können, wenn diese möglichst ähnlich sind.

Wenn jemand zum Beispiel jeden Tag zwei Kreuzworträtsel löst, kann er deswegen nicht besser Schach spielen. Er kann lediglich besser Kreuzworträtsel lösen. Das Gleiche gilt für die Lernsituation bei Phishing. Ein Vortrag über Phishing kann zwar unsere Sensibilität zum Thema erhöhen, sodass wir die Situation möglicherweise erkennen, wenn sie uns begegnet. Das korrekte Verhalten wird dabei jedoch nicht trainiert und der Lerntransfer bleibt oberflächlich. Bedingung für den Lerntransfer ist demnach, dass die neue Lernsituation der Anwendungssituation ähnlich ist (Perkins und Salomon 1992).

Ein häufiges Problem bei Phishing-Simulationen ist die Wahrnehmung durch die Belegschaft. Einzelne empfinden sie weniger als Lernangebot, sondern eher als Test oder Misstrauensbeweis. Einige reagieren mit Trotz, klicken bewusst auf verdächtige Inhalte oder äussern offen ihren Unmut über die Massnahme.

Um solchen Widerständen konstruktiv zu begegnen, kann ein „Soft Opt-out" in Betracht gezogen werden. Dabei haben Mitarbeitende die Möglichkeit, sich von Simulationen abzumelden, sofern sie an alternativen Trainingsformaten wie Fallanalysen oder interaktiven Übungen teilnehmen. So wird einerseits der Autonomie der Betroffenen Rechnung getragen und andererseits die Weiterentwicklung sicherheitsrelevanter Kompetenzen sichergestellt.

Zudem ist es hilfreich, wenn Phishing-Simulationen positiv wahrgenommen werden. Beispielsweise können regelmässig Belohnungen oder Challenges veranstaltet werden. Am wichtigsten ist allerdings, dass die Führungsebene hinter den Simulationen steht und auch zu ihrer eigenen Fehleranfälligkeit steht. Denn so wird eine gesunde Sicherheitskultur geprägt, in der es nicht um „Reinlegen" oder Vertrauensmissbrauch geht, sondern darum, dass sich alle gemeinsam verbessern.

Wenn Sie sich für die Durchführung von Angriffssimulationen entscheiden, kann der folgende Abschnitt Anregungen für Formate und zielgruppenspezifische Durchführungen geben.

4.4.3 Checkliste Phishing- und Angriffssimulationen

Die folgende Checkliste bietet Ihnen eine strukturierte Anleitung zur Umsetzung von Phishing-Simulationen. Sie hilft Ihnen dabei, die häufigsten Fallstricke zu vermeiden, die zu Frustration oder Vertrauensverlust bei den Mitarbeitenden führen können.

- ☐ Reale Phishing-Fälle aus dem Unternehmen analysieren und als Grundlage verwenden
- ☐ Simulationsszenarien auf Zielgruppen und reale Arbeitskontexte abstimmen
- ☐ Schwierigkeitsgrad anpassen: Zu leicht gemachte Phishing-E-Mails können zu Selbstüberschätzung führen und als zu „fies" wahrgenommene können zu Vertrauensverlust führen
- ☐ Geeignetes Tool auswählen mit Phishing-Button und Direktfeedback
- ☐ Vorab-Kommunikation im Intranet veröffentlichen (Phishing könnte ohne Ankündigung als „Täuschungsversuch" wahrgenommen werden, was zu einem Vertrauensverlust führen könnte)
- ☐ Kick-off-Kurs durchführen, online oder vor Ort, zur Sensibilisierung und Motivation

Durchführung

- ☐ Erste Baseline-Simulation durchführen und die Klickrate als Ausgangswert erfassen
- ☐ Sofortige Rückmeldung bei Erkennung von Phishing setzen und rote Flaggen erklären. (Wichtig: Längere Trainings gelten als „Bestrafung“ und sind kontraproduktiv)
- ☐ Optional Schwierigkeitslevel einführen mit Fortschrittslogik
- ☐ Gamifizierte Elemente wie Punkte sammeln, „Phish-King“ des Monats mit Wanderpokal können das Thema auflockern

Kommunikation und Transparenz

- ☐ Belegschaft im Voraus über Ziele und Ablauf der Simulationen informieren (z. B. Intranetmeldung, Ankündigung in Teammeetings)
- ☐ Erwartungshaltung klar machen, inkl. Handlungsanweisung bei simulierten Angriffen
- ☐ Debriefings nach Kampagnen haben einen positiven Effekt auf das Vertrauensgefühl
- ☐ Reale Phishing-Fälle sollten aktiv kommuniziert werden, etwa über ein internes Warnsystem. Das hilft, den Gewöhnungseffekt zu reduzieren, und zeigt, dass die Gefahr real ist

Zeitplanung

- ☐ Trainingszeitpunkte sollten mit Bedacht gewählt werden, beispielsweise nicht während der Ferien, bei Quartalsabschlüssen oder sonstigen Sicherheitsvorfällen
- ☐ Simulationen in regelmässigen Abständen durchführen, ohne Überforderung
- ☐ Trainingszyklen definieren, idealerweise mindestens vier pro Jahr, kritische Gruppen öfter

Evaluation und Weiterentwicklung

- ☐ Ergebnisse im Sicherheitsgremium oder Sicherheits-Team und für das Management, sowie Teamleads auswerten und präsentieren
- ☐ Schulungsbedarf, Budgetplanung und neue Szenarien auf Basis der Resultate definieren
- ☐ Inhalte regelmässig weiterentwickeln, um Gewöhnungseffekte zu vermeiden
- ☐ Simulationen als kontinuierliches Programm statt als Einzelmassnahmen planen

Die Punkte dieser Checkliste tragen dazu bei, dass Phishing-Simulationen als konstruktives Lerninstrument wahrgenommen werden. Das Ziel dabei ist, die Nachteile, wie Gewöhnung oder Widerstand zu vermeiden.

4.4.4 Psychologische Merkmale (Heuristiken & Social Engineering)

Es gibt ständig neue Berichte über Social-Engineering-Angriffe. Man könnte meinen, dass allen bekannt ist, was sich dahinter verbirgt und wie sie funktionieren. Aber das stimmt nicht. Viele Menschen lesen keine klassischen Nachrichten mehr, sondern informieren sich hauptsächlich über soziale Medien. Dort werden Nutzern nur bestimmte Informationen angezeigt, abhängig davon, welchen Accounts sie folgen.

Pentester und ethische Hacker wie Ivano aus Abschn. 4.3 verfügen über umfassende Erfahrung damit, wie Angriffe aufgebaut sind und welche psychologischen Mechanismen in verschiedenen Kontexten besonders wirksam sind. Allerdings verfügen nicht alle Verantwortlichen für Awareness-Programme über denselben technischen oder praktischen Erfahrungsschatz. Manche kommen als Quereinsteiger ins Thema oder haben noch keine eigenen Simulationen durchgeführt. In solchen Fällen kann die Kenntnis der typischen Angriffsmuster und psychologischen Techniken eine wertvolle Orientierung bieten, um realistische und wirksame Phishing-Simulationen zu gestalten.

Die nachfolgenden Abschnitte vermitteln daher die relevanten psychologischen Grundlagen dieser Angriffe. Ein Verständnis dieser Zusammenhänge ist die Basis, um Mitarbeitende effektiv zu schulen und realistische Simulationsszenarien zu entwickeln.

Heuristiken

Die Art und Weise, wie Informationen verarbeitet werden, hängt davon ab, welches der beiden kognitiven Systeme aktiviert ist (Kahneman 2011).

- System 1: automatische und schnelle Operationen mit geringem kognitiven Aufwand und wenig bewussten Einfluss auf die Vorgänge. Es wird auch als das emotionale Selbst bezeichnet und mit Intuition in Verbindung gebracht.
- System 2: Aktivitäten, die mentalen Aufwand benötigen, wie komplexe Berechnungen, logisches Denken und Entscheidungen, die Konzentration erfordern. Es wird auch als das rationale Selbst bezeichnet.

Heuristiken sind mentale Abkürzungen bzw. Faustregeln, die unser Gehirn nutzt, um schnell Entscheidungen zu treffen, ohne alle Informationen gründlich analysieren zu müssen. Sie gehören zum sogenannten System 1: dem schnellen, automatischen und intuitiven Denken, das ohne bewusste Anstrengung abläuft.

Heuristiken sind im Kontext von Phishing besonders gefährlich, weil sie dazu führen, dass Menschen schnelle, intuitive Urteile fällen, ohne alle Fakten oder Details kritisch zu hinterfragen. Dadurch werden Opfer anfälliger für täuschend echte und dringlich wirkende Phishing-Nachrichten. Social Engineers nutzen Heuristiken zu ihrem Vorteil, indem sie ihre Angriffe so formulieren, dass wir im System 1 bleiben und automatisch, schnell sowie unüberlegt handeln.

Social Engineering

Social Engineering bezeichnet die Manipulation von Menschen, damit diese technische Sicherheitsmassnahmen umgehen, sensible Daten preisgeben, etwas installieren oder kritischen Zugang gewähren. Was Social Engineering so gefährlich macht, ist, dass technische Massnahmen nicht greifen und die meisten Menschen ihre Fähigkeit, solche Angriffe zu erkennen, stark überschätzen.

Es gibt dazu auch Studien, die aufzeigen, wie schlecht Menschen darin sind, Lügen und Täuschungen zu entdecken (Krombholz et al. 2015). Hacker, die sich für das Gute einsetzen, wie beispielsweise Rachel Tobac, demonstrieren immer wieder, wie anfällig wir für diese Beeinflussungstechniken sind.

Die im Phishing eingesetzten Arten von Social Engineering wurden schon 2001 von Robert Cialdini beschrieben (Hadnagy 2010). Inzwischen wurden diese Techniken in zahlreichen weiteren Studien bestätigt und vertieft. Sie gehören zudem zum Allgemeinwissen echter Social Engineers in der Praxis.

Die in Tab. 4.1 aufgeführten Merkmale nutzen Social Engineers oft, um Empfänger:innen zu manipulieren. In der rechten Spalte ist jeweils eine typische Aussage oder Formulierung aufgeführt, die zeigt, wie die einzelnen Techniken angewendet werden.

Eine besonders wirksame Taktik ist der Appell an unsere Hilfsbereitschaft, insbesondere, wenn die Person sympathisch erscheint. Diese Techniken werden oft kombiniert, um die Manipulation wirkungsvoller zu gestalten. So kann ein typischer Phishing-Angriff beispielsweise die Aspekte Dringlichkeit, Autorität und Knappheit in einer einzigen manipulativen E-Mail eines CEO-Betrugs vereinen.

Tab. 4.1 Tabelle der Social Engineering Techniken nach (Krombholz et al. 2015; Yeoh et al. 2022)

Technik	Erklärung	Beispiel
Autorität	Manipulation durch Vorspiegelung einer mächtigen oder vorgesetzten Person, oder eines Experten	Ein Beispiel ist eine E-Mail, die angeblich vom CEO stammt und die sofortige Freigabe einer Zahlung verlangt
Dringlichkeit	Erzeugt Zeitdruck, damit Empfänger schnell und unüberlegt handeln	„Ihr Konto wird in 24 h gesperrt, wenn Sie nicht sofort reagieren."
Gegenseitigkeit	Gegenseitigkeit erzeugt das Gefühl, eine Gefälligkeit erwidern zu müssen	Zunächst wird ein kostenloses Angebot oder ein Geschenk in der E-Mail gemacht, bevor um sensible Daten gebeten wird
Sozialer Beweis	Nutzt die Tendenz, das Verhalten anderer als richtig zu übernehmen	„Dein Kollege Tom hat dieses Update bereits bestätigt"
Belohnung	Verspricht einen Gewinn oder Vorteil bei bestimmtem Verhalten	„Sie haben einen Geschenkgutschein gewonnen. Klicken Sie hier."
Verlustangst	Drohung mit einem Schaden oder Nachteil, wenn nicht reagiert wird	„Versäumen Sie Ihre Steuererklärung nicht, sonst drohen hohe Strafen!"
Knappheit	Weckt das Gefühl, dass eine Gelegenheit bald vorbei sein könnte oder es nur noch wenige Plätze gibt	„Nur noch 10 Plätze frei! Sichern Sie sich jetzt Ihr Software-Update."
Sympathie	Menschen lassen sich eher von Personen überzeugen, die sie mögen oder sympathisch finden	„Ah wie spannend, ich war auch an der ETH! Wir haben so viel gemeinsam!"
Angst	Ausnutzen von Angstgefühlen, um schnelle Reaktionen auszulösen	„Es wurden ungewöhnliche Login--Versuche auf Ihrem Konto erkannt. Reagieren Sie sofort."
Tradition	Appelliert an gewohnte Routinen und fest etablierte Verhaltensweisen	„Wie jedes Jahr müssen Sie Ihre Zugangsdaten bestätigen."
Mitleid	Durch die Schilderung einer Notlage wird Hilfsbereitschaft erzeugt	„Mein Mann ist erkrankt und ich muss das schnell für ihn erledigen"
Neugier	Weckt Neugier, sodass der Empfänger einen Link öffnet oder eine Datei lädt	„Unglaubliche Fotos von gestern! Jetzt ansehen!"

4.4.5 Merkmale von Phishing

Ergänzend zu den psychologischen Merkmalen gibt es weitere formale, visuelle und strukturelle Merkmale, durch die Phishing-E-Mails besonders glaubwürdig erscheinen. Diese sind in Tab. 4.2 aufgeführt:

Wie Sie in Tab. 4.2 erkennen können, gibt es Merkmale, die Phishing-E-Mails besonders glaubwürdig erscheinen lassen. In der Regel ist es das Zusammenspiel aus unterschiedlichen Merkmalen, das eine E-Mail echt aussehen lässt. Besonders schwierig zu erkennen ist es, wenn der Kontext mit dem des Empfängers übereinstimmt (z. B. ein Finanzthema bei Buchhaltern) und die Sprache stimmig ist (z. B. „Du"-Politik in einer Firma) (Jampen et al. 2020). In der Forschung werden diese besonders gefährlichen Merkmale als stimmiger „Kontext" und vorhandene „soziale Präsenz" bezeichnet:

Stimmiger Kontext

Eine überzeugende Nachricht mit hohem stimmigen Kontext enthält gleich mehrere glaubwürdige Merkmale, wie beispielsweise eine Anrede, ein Logo oder konkrete Insider-Informationen wie die „Unternehmens-Lingo". Hier ein Beispiel:

- Personalisierte Anrede („Hallo Julia" statt „Sehr geehrte Damen und Herren")
- Unternehmens-Logo, Unterschrift, Bilder oder eingebettete Buttons
- Konkrete Details (z. B. „Deine Rechnung vom 15. Juli über CHF 72,50″)
- Nebenbei werden das unternehmensinterne Kürzel der Finanzabteilung (FR_1) und der Vorname des Chefs (Peter) erwähnt

Je mehr Kontexthinweise eine E-Mail enthält, desto eher wird sie als wichtig oder offiziell wahrgenommen.

Soziale Präsenz

Dieses Merkmal beschreibt das Gefühl, dass hinter einer Nachricht ein echter Mensch steht. Es entsteht durch sprachliche und visuelle Hinweise, die Nähe oder Authentizität vermitteln. Ein Beispiel:

- Emotionale und interne Sprache („Kannst du mir kurz helfen?")
- Hinweise auf eine Beziehung („wie besprochen", „Peter sagte mir, ich soll mich bei dir melden")
- Sprachmuster, die auf Kollegen oder Führungskräfte hinweisen
- Verwendung von Emojis, Tippfehlern oder Abkürzungen wie in Chats

Tab. 4.2 der Merkmale von Phishing nach (Jampen et al. 2020)

Merkmal	Beschreibung	Beispielhafte Erscheinung in realen oder simulierten Fällen
Absenderadresse	Oftmals stimmen der Name und die tatsächliche E-Mail-Adresse nicht überein. Leichte Abweichungen in der Domain können leicht übersehen werden.	Ein E-Mail-Absender „Microsoft Support" mit der Adressesupport@micr0soft--services.com, oder „rn" statt „m"
Links und URLs	Täuschend ähnliche Links oder weitergeleitete URLs schaffen Vertrauen, führen aber dennoch auf fremde Seiten.	Mouseover zeigt login.microsoft-verifizieren.com statt microsoft.com.
Visuelle Gestaltung	Das professionell gestaltete Layout ist mit bekannten Logos, Farben und Strukturelementen versehen. Das Design suggeriert Echtheit.	Logo der Firma, standardisierte E-Mail-Fusszeile, strukturierter Aufbau, bekannte Farbpalette.
Personalisierung	Der Empfänger wird mit Namen angesprochen, inklusive passender Rollen- oder Kontextbezüge.	„Hallo Frau Schneider, Ihre Rechnung vom 18. Juli konnte leider nicht zugestellt werden."
Sprache und Stil	Grammatik und Rechtschreibung sind seit KI-Tools verbreitet sind meist in gutem Zustand, enthalten jedoch gelegentlich kleine Fehler, insbesondere bei automatisierter Übersetzung.	„Sehr Geehrter Kunde, wir möchten Ihre Konto verifizieren."
Emotionale Appelle	Inhalte erzeugen emotionale Reaktionen. Belohnung, Verlust, Eile, Mitgefühl.	„Wenn Sie nicht reagieren, wird Ihr Konto innerhalb von 24 h deaktiviert."
Verweis auf Internes	Ein Verweis auf interne Angelegenheiten, bekannte Tools, Mitarbeitende oder Prozesse erhöht die Glaubwürdigkeit.	„Wie besprochen mit Markus vom Einkauf – hier das finale PDF zur Bestellung."
Relevanz und Konsistenz	Betreff, Absender, Layout und Inhalt sind inhaltlich überzeugend aufeinander abgestimmt.	Betreff: „Office 365 Passwort läuft ab", dahinter: gefälschte Microsoft-Seite mit Login-Feld.
Formale Elemente	Hinweise zu Datenschutz, Vertraulichkeit oder zur automatischen Generierung wirken professionell.	„Diese Nachricht wurde automatisch generiert. Bitte antworten Sie nicht direkt auf diese E-Mail."
Interaktive Gestaltung	Buttons, eingebettete Icons oder klickbare Bildelemente erhöhen die Klickbereitschaft.	In der Mitte der E-Mail ist ein grosser blauer Button mit der Aufschrift „Jetzt verifizieren" eingebettet.

Solche Nachrichten fühlen sich persönlich und echt an, was die Empfänglichkeit für die Täuschung stark erhöht.

Diese Auflistung der Merkmale kann für die Erstellung von Phishing-Schulungen genutzt werden. Das bedeutet jedoch auch, dass der Schwierigkeitsgrad steigt. Daher muss unbedingt grosser Wert auf einen transparenten Umgang mit Phishing-Simulationen gelegt werden. So wird das Gefühl, „reingelegt worden zu sein“, verhindert.

4.4.6 Rollenspezifische Beispiele für Phishing-E-Mails

Die folgende Übersicht in Tab. 4.3 zeigt, wie realitätsnahe Angriffssimulationen auf die verschiedenen Rollen im Arbeitskontext abgestimmt werden können. Jede Funktion im Unternehmen unterliegt bestimmten Routinen, Zuständigkeiten und Erwartungshaltungen. Diese können gezielt als Lernelemente genutzt werden, um Mitarbeitende auf typische Angriffsmuster vorzubereiten.

Die Tab. 4.3 zeigt für jede Rolle die entsprechenden Arbeitsinhalte (Trigger) sowie eine beispielhafte Nachricht (z. B. wird dem HR-Bereich ein CV als Anhang geschickt). Bei der Erstellung rollenspezifischer Phishing-Simulationen ist es empfehlenswert, bestehende Arbeitskontexte zu analysieren. Welche Kommunikationswege sind intern üblich? Welche Systeme werden von welchen Mitarbeitenden genutzt und welche E-Mails werden daraus verschickt? Wer

Tab. 4.3 Rollenspezifische Beispiele für Phishing-E-Mails

Rolle/Funktion	Typische Trigger	Beispielhafte Nachricht
HR-Fachkraft	Dringlichkeit, Bewerbungen, Richtlinienänderung	„Bitte prüfen Sie umgehend die Bewerbungsunterlagen. Es besteht der Verdacht auf gefälschte Zertifikate.“
IT-Administrator	Zertifikate, Sicherheitshinweise, interne Tools	„Ablaufende SSL-Zertifikate. Bitte installiere jetzt neue.“
Kommunikation	Medienanfragen, öffentliche Wirkung, Exklusivität	„Pressestatement zur Geschäftsleitung. Vertraulichkeit erforderlich.“
Assistenz der Geschäftsleitung	Direktiven von oben, Reiseplanung und zeitkritische Vorgänge.	„Hier ist dein Chef. Buche bitte sofort den Flug nach Berlin. Das Budget kommt nach.“

Tab. 4.3 (Fortsetzung)

Rolle/Funktion	Typische Trigger	Beispielhafte Nachricht
Teamleitung/ Führungskraft	Boni-Listen, Benefits, Einladungen, Mitarbeiterbeurteilungen	„Hier ist der Link zur Bonusliste. Nur 24 h gültig."
KMU-Inhabende	Steuerformulare, Behördenkommunikation, Fristen	„Letzte Mahnung: Ihr MwSt-Formular ist fehlerhaft. Heute ist der letzte Termin zur Korrektur."
Praktikant/Neue Mitarbeitende	Teamzugehörigkeit, Unsicherheit, Tool--Einführung	„Bitte trage dich noch ins Tool-Verzeichnis ein. Sonst wird dein Zugang gesperrt."
Externe Beraterin/ Projektleitung	Kundenzugänge, Freigaben, File-Sharing	„Projekt X: Letzter SharePoint--Zugriff für das morgige Steering-Meeting."
Softwareentwickler	Updates, Quellcode--Management, Sicherheitshinweise	„Security-Patch verfügbar. Bitte aktualisieren Sie das Repository."
Gesundheitsfachperson	Hygienevorschriften, Patientenakten, behördliche Massnahmen	„Rückbestätigung der neuen BAG-Vorgaben zur Datensicherheit im Umgang mit Patientendaten."
Mitarbeitende Gemeinde/Behörde	Datenschutz, Bürgerservice, Baugesuche	„Das Bauprojekt ‚Musterstrasse' ist eingetroffen. Bitte prüfen und bestätigen Sie es DSGVO-konform."
Vertrieb/Key Account Management	Kundenfeedback, Beschwerdehandling, Preisfreigaben	„Ihre Kundin X hat sich beschwert. Bitte geben Sie uns dringend eine Rückmeldung mit Stellungnahme."
Stabsstelle/strategische Assistenz	Interne Kommunikation, Managementbriefings	„Hier ist das vertrauliche Briefing für das Board-Meeting. Bitte an die Geschäftsleitungsteams weiterleiten."
Kollegen IT-Support (gefälscht)	Technische Freigaben, Kontoverwaltung, Supportaufträge	„Wir richten das neue Outlook-Konto Ihrer Vorgesetzten ein. Können Sie dies im Namen bestätigen?"
Finanzen/CFO--Unterstützung	Zahlungsfreigaben, Zeitdruck, externe Partner	„Bitte geben Sie diesen Betrag noch heute frei, die Partnerfirma wartet. Der Beleg ist im Anhang."

genehmigt was? Mit welchen Dingen muss die jeweilige Person im Arbeitsalltag rechnen?

4.5 Abschluss

Über die Effektivität von Phishing-Simulationen wird weiterhin diskutiert. Ein grosser Teil der Studien kommt zu dem Schluss, dass sie wirken, der Effekt jedoch nur kurzfristig ist. Wer das akzeptiert und kontinuierlich Simulationen durchführen möchte, erfuhr in diesem Abschnitt, wie sich diese praktisch umsetzen lassen. Phishing ist jedoch nicht die einzige Methode, um Angriffe zu simulieren. Sogenannte „Multichannel-Attacks" werden immer populärer bei Cyberkriminellen. Awareness-Verantwortliche können auch andere Formen von Angriffssimulationen mit den oben erwähnten Frameworks und Szenarien durchführen. Als Anregung seien abschliessend noch Kanäle genannt, die in Zukunft auch in das Awareness-Programm aufgenommen werden könnten:

- Bei der Voice-Phishing-Simulation erhalten Mitarbeitende einen Anruf von einer simulierten Support- oder Bankhotline. Dabei werden sie nach sensiblen Daten wie Passwörtern oder Kreditkarteninformationen gefragt, um ihre Reaktion und Sensibilität für telefonische Betrugsversuche zu trainieren.
- In einer Social-Engineering-Simulation versucht ein externer oder interner Tester, durch gezielte Manipulationen (z. B. als Techniker im Gebäude oder durch überzeugende Argumente per Chat) persönlich, telefonisch oder per E-Mail an vertrauliche Informationen oder Zugang zu Systemen zu gelangen.
- Deepfake-Videoanruf-Phishing mit Kalendereinladung: Die Zielperson erhält eine gefälschte Kalendereinladung für ein Online-Meeting. Im simulierten Videocall taucht ein Deepfake-Avatar einer Führungskraft auf, der im Gespräch versucht, kritische Informationen zu erfragen oder eine ungewöhnliche Zahlung anzuweisen.
- Beim QR-Code-Phishing werden im Unternehmen an zentralen Stellen oder in E-Mails scheinbar nützliche QR-Codes platziert. Beim Scannen werden Nutzer auf eine gefälschte, aber echt aussehende Login- oder Umfrage-Seite weitergeleitet. So wird getestet, wie schnell und unbedacht QR-Code-basierte Angriffe erkannt und Logindaten eingegeben werden.
- Teams-Chat-Phishing: Die Mitarbeitenden erhalten gefälschte Chat-Nachrichten über Microsoft Teams, die angeblich von Kollegen, externen Partnern oder Führungskräften stammen. Sie fordern dazu auf, auf einen Link zu klicken, eine Datei zu öffnen oder sensible Informationen preiszugeben. So wird das

Erkennen und richtige Reagieren auf Social-Engineering-Versuche im Chat-Umfeld trainiert.

Da sich die Angriffslandschaft und die Technologien ständig weiterentwickeln, werden auch diese Simulationen sich stets verändern.

Literatur

Chatchalermpun S, Daengsi T (2021) Improving cybersecurity awareness using phishing attack simulation. IOP Conference Series: Materials Science and Engineering, 1088(1), 012015. https://doi.org/10.1088/1757-899X/1088/1/012015

Hadnagy C (2010) Social Engineering: The Art of Human Hacking. John Wiley & Sons.

Ho G, Mirian A, Luo E, Tong K, Lee E, Liu L, Longhurst CA, Dameff C, Savage S, Voelker GM (2025) Understanding the Efficacy of Phishing Training in Practice. 2025 IEEE Symposium on Security and Privacy (SP), 37–54. 2025 IEEE Symposium on Security and Privacy (SP). https://doi.org/10.1109/SP61157.2025.00076

Jampen D, Gür G Sutter T, Tellenbach B (2020) Don't click: Towards an effective anti-phishing training. A comparative literature review. Hum. -centric comput. inf. sci, *10*(1), 33. https://doi.org/10.1186/s13673-020-00237-7

Kahneman D (2011) Thinking, fast and slow (S. 499). Farrar, Straus and Giroux

Krombholz K Hobel H Huber M, Weippl E (2015) Advanced social engineering attacks. J. Inf. Secur. Appl, *22*, 113–122. https://doi.org/10.1016/j.jisa.2014.09.005

Lain D Kostiainen K, Čapkun S (2022a) Phishing in Organizations: Findings from a Large-Scale and Long-Term Study 2022 IEEE Symposium on Security and Privacy (SP), 842–859. https://doi.org/10.1109/SP46214.2022.9833766

Perkins D, Salomon G (1992) Transfer Of Learning. International Encyclopedia of Education, Second Edition, 11. https://www.researchgate.net/profile/Gavriel-Salomon/publication/2402396_Transfer_Of_Learning/links/553506410cf2df9ea6a42d77/Transfer-Of-Learning.pdf

SoSafe (2025) Cybercrime-Trends 2025 Report. https://sosafe-awareness.com/de/ressourcen/reports/cybercrime-trends/

VBS, ED (2025) für V., Bevölkerungsschutz und Sport. (o. J.). Halbjahresbericht https://www.ncsc.admin.ch/ncsc/de/home/dokumentation/berichte/lageberichte/halbjahresbericht-2024–2.html Zugegriffen: 21. Juli 2025

Yeoh W, Huang H, Lee WS, Al Jafari F, Mansson R (2022) Simulated Phishing Attack and Embedded Training Campaign. J comput inform syst, 62(4), 802–821. https://doi.org/10.1080/08874417.2021.1919941

5 Brand Awareness, Marketing und Kommunikation

5.1 Abstract

Der Begriff „Branding“ stammt aus dem Marketing. Wie vieles aus dem Marketing findet auch er Anwendung in der Security-Awareness. Der Cyber-Security-Abteilung haftet per se ein polizistenartiges Bild an. Mitarbeitende hören von dieser Abteilung entweder, wenn sie etwas falsch gemacht haben. Oder wenn ihnen zusätzliche Sicherheitsschritte, neue, komplizierte Richtlinien und weitere E-Learnings auferlegt werden. Wenn die Sicherheitsabteilung keine positiven Assoziationen mit der Marke herstellt, entsteht ein willkürliches Bild, das nicht gesteuert werden kann. Es ist demnach unmöglich, nicht zu branden. Im schlimmsten Fall führt fehlendes Branding zu einer fehlenden Identifizierung oder kann negative Emotionen hervorrufen.

Sascha Maier, der CISO der SV Group, berichtet im Praxisbeispiel von der erfolgreichen Umsetzung von Security Branding mit den Ninja-Maskottchen. Er hat eine klare Meinung zum Branding und dessen Verankerung in der Corporate Identity. In diesem Teil betont er, dass das Branding und das Maskottchen als partizipativer Ansatz gestaltet werden sollten. Die Einbindung der Mitarbeitenden in die Entwicklung von Maskottchen und Mottos hat eine positive Wirkung auf die Wahrnehmung der Kampagne und Entwicklung einer Sicherheitskultur.

Als Toolkit dienen die fünf E's der Kommunikation: Erkennen, Erreichen, Erleben, Erklären und Engagement. Hinzu kommen passende Kanäle, vom Intranet bis zu Events, sowie Bausteine für Leitfiguren, Slogans und Logos. Wichtig ist, dass bei jeder Interaktion mit dem Thema Sicherheit die Markenversprechen eingelöst

J. Wick, *Security-Awareness-Tools*,
https://doi.org/10.1007/978-3-658-51112-8_5

werden. Mithilfe dieser Instrumente kann aus dem „Polizei-Image" eine geschätzte Schutzmarke geformt werden und das Vertrauen der Mitarbeitenden in die Sicherheitsmassnahmen wird gestärkt.

5.2 Einführung

Ein kleiner Exkurs: Stellen wir uns vor, wir entdecken auf unserer Weide eine fremde Kuh neben unserer Herde. Die Kuh trägt ein Brandzeichen in Form des Buchstabens „K". Wir können es einordnen, denn wir kennen das Zeichen und wissen, dass es zum Nachbarshof „Kramer" gehört. Mit dem Bauern können wir es gut, er gilt als verlässlich und respektvoll. Wir überlegen nicht lange und bringen ihm das entlaufene Tier zurück. In diesem Fall hat uns das Brandmerkmal zu einer Handlung veranlasst. Was wäre gewesen, wenn wir das Merkmal einem unsympathischeren Konkurrenten zugeordnet hätten? Wäre das Tier dann auch so schnell zurückgebracht worden? Und was, wenn die Kuh gar kein Brandmerkmal gehabt hätte? Ein Tier ohne Merkmal könnten wir nicht einordnen und wüssten nicht, wie wir weiter vorgehen sollen. Diese Situation wäre von Unsicherheit und Ratlosigkeit geprägt gewesen.

Marken, oder wie oben beschriebenes „Branding" werden als die Wahrnehmung definiert, die sich in den Assoziationen widerspiegelt, die Verbraucher mit der Marke verbinden (Rastogi und von Solms 2012). Wie an diesem Beispiel leicht zu erkennen ist, können Marken Vertrauen erwecken. Sie gehen weit über Logos, Namen und Farben hinaus. Marken können Orientierung geben, Entscheidungen erleichtern und eine emotionale Bindung fördern. Es ist unmöglich, nicht zu branden. Die Sicherheitsabteilung selbst ist die Marke, und jeder Kontakt mit dem Team prägt das Image.

Der Cyber-Security-Abteilung haftet per se ein polizistenartiges Bild an. Von dieser Abteilung hören Mitarbeitende entweder, wenn sie etwas falsch gemacht haben. Oder wenn ihnen zusätzliche Sicherheitsschritte, neue komplizierte Richtlinien und zusätzliche E-Learnings auferlegt werden. Wäre die Sicherheitsabteilung eine Marke in einem Warenhaus, dann wäre sie vermutlich ein „Ladenhüter" und hätte einen schweren Stand im Regal.

Wenn die Sicherheitsabteilung keine positiven Assoziationen mit der Marke herstellt, entsteht ein willkürliches Bild, das nicht gesteuert werden kann. Im schlimmsten Fall führt dies zu einer fehlenden Identifizierung oder kann negative Emotionen hervorrufen. Ein Nachteil der Markenbildung ist der damit verbundene Aufwand und die Tatsache, dass eine Marke sehr sorgfältig gepflegt werden muss (Keller und Webster 2004).

Doch wie kann eine Sicherheitsabteilung von einer negativ wahrgenommenen „Kontrollinstanz" zu einer geschätzten „Schutzmarke" werden? In diesem Abschnitt werden der Branding-Prozess und hilfreiche Kommunikations-Tools für die Security Awareness erläutert. Zunächst folgt ein Praxisbeispiel der SV Group, das zeigt, wie erfolgreich Branding im grossen Stil in der Security Awareness umgesetzt werden kann.

5.3 Praxiseinblick: Branding bei der SV Group mit Ninjas und Sascha Maier

Die SV Group sah sich mit einer besonderen Herausforderung konfrontiert. In der Hotellerie ist die IT-Infrastruktur äusserst komplex und die hohe Fluktuation der Mitarbeitenden stellt eine permanente Herausforderung dar. Um diese Vielschichtigkeit zu meistern und gleichzeitig das Thema Security Awareness im Alltag aller Beschäftigten zu verankern, war eine Kampagne gefragt, die Menschen anspricht, verbindet und für Gesprächsstoff sorgt. In diesem Abschnitt teilt Sascha Maier, Group Chief Information Security Officer (CISO) der SV Group, seine langjährigen Erfahrungen zum Thema Branding. Er erläutert anhand von Praxisbeispielen aus seiner Kampagne mit dem Ninja-Maskottchen die wichtigsten Aspekte in eigenen Worten.

Sicherheit als Kultfaktor: Strategisches Security Branding

Cybersicherheit ist schon lange nicht mehr nur eine technische Disziplin, sondern auch ein Kommunikationsthema. Es kommt darauf an, wie Sicherheit wahrgenommen und im Alltag gelebt wird. Genau hier setzt Security Branding an. Die Sicherheitsfunktion muss sich bewusst als Marke positionieren.

Security-Awareness-Branding bedeutet, Marketingprinzipien gezielt auf die Sicherheitskommunikation anzuwenden. Das Ziel besteht darin, das Bild des „lästigen Polizisten" abzulegen und stattdessen eine attraktive, wiedererkennbare Schutzmarke zu etablieren, die Orientierung gibt, Vertrauen aufbaut und Begeisterung weckt.

Die Notwendigkeit: Warum Security eine Marke braucht

Security wird in vielen Unternehmen noch als lästige Pflicht wahrgenommen, was zu einem geringen Einfluss auf das Verhalten führt. Ein starkes Branding durchbricht dieses Muster, indem es das Thema Sicherheit emotional positiv auflädt und sichtbarer macht.

- Vertrauen schaffen: Die Sicherheitsfunktion tritt aus ihrer rein defensiven Rolle heraus. Eine starke Marke gibt Halt, weckt Emotionen und stärkt die Position sowie die Glaubwürdigkeit des CISO.
- Wiedererkennung sichern: In der Informationsflut des Alltags setzt nur ein klar erkennbares Bild Akzente. Logo, Claim und Design schaffen Konsistenz und Sichtbarkeit.
- Positive Bedeutung verankern: „Security" soll nicht für Regeln stehen, sondern für Schutz, Verlässlichkeit und Teamwork. Mitarbeitende fühlen sich als aktiver, wertvoller Teil der Lösung. – mit entsprechend geringem Einfluss auf das Verhalten. Ein starkes Branding durchbricht dieses Muster, indem es das Thema Sicherheit emotional positiv auflädt und sichtbarer macht.

Die strategische Verankerung: Integration in die Corporate Identity (CI)
Ein isoliertes Security-Branding wird selten nachhaltig wirken. Um Authentizität und Akzeptanz zu gewährleisten, muss das Security-Brand-Management fest in der Unternehmens- und Sicherheitskultur verankert sein. Die Security-Marke wird somit zu einem integralen Bestandteil der Corporate Identity (CI).

Die CI umfasst das gesamte Erscheinungsbild, also Design, Verhalten und Kommunikation. Nur wenn das Thema Sicherheit hier einen prominenten und positiven Platz einnimmt, kann die notwendige Aufmerksamkeit und Unterstützung des Managements sowie die Akzeptanz der Belegschaft gesichert werden. Branding ist besonders wirkungsvoll, wenn es von innen heraus entwickelt und in der Unternehmenskultur spürbar verankert wird. Die besten Branding--Entscheidungen werden durch ein Kernteam oder ein Beratungsgremium getroffen, das die verschiedenen Zielgruppen des Unternehmens repräsentiert.

Die Unternehmenskommunikation ist dabei nicht nur Gatekeeper, sondern ein entscheidender Partner. Sie stellt sicher, dass CI-Richtlinien gewahrt bleiben, und unterstützt aktiv dabei, den gemeinsamen Markenauftritt zu stärken. Wer versucht, Regeln zu umgehen oder aufzuweichen, erschwert die Zusammenarbeit und riskiert Reibungsverluste.

Praxistipp: Die Crowd hat recht
Nach 13 Jahren, neun Awareness Awards und zahlreichen Kampagnen ist eines der wichtigsten Learnings: CISOs oder Awareness-Verantwortliche müssen sich zurücknehmen. Wenn sich die Zielgruppen für ein anderes Konzept entscheiden als man selbst favorisiert, ist die eigene Meinung zweitrangig. Die Erfahrung zeigt: Die Crowd hat recht. Die Mitarbeitenden wissen intuitiv, welche Tonalität und welches Design im Unternehmensalltag funktionieren und akzeptiert werden.

Abb. 5.1 Das Ninja-Maskottchen der in verschiedenen themenbasierten Varianten

Das Maskottchen, das es in verschiedenen themenbasierten Varianten (Abb. 5.1) gibt, wurde in einem partizipativen Abstimmungsprozess direkt von den Mitarbeitern ausgewählt. Durch ihre aktive Beteiligung spiegelt das finale Design nicht nur die zentralen Werte des Unternehmens wider, sondern stärkt auch die Identifikation und Akzeptanz innerhalb der Belegschaft.

Design Thinking als Hebel

Design Thinking ist ein Ansatz zur kreativen Problemlösung, der konsequent auf die Zielgruppe ausgerichtet ist. Anstatt Security-Branding von oben nach unten vorzugeben, setzt Design Thinking auf Empathie und Nutzerzentrierung. Mitarbeitende werden aktiv in die Entwicklung eingebunden – von der Beobachtung ihrer Bedürfnisse über die Entwicklung kreativer Ideen bis hin zur Erstellung von Prototypen und deren Tests. So entsteht eine Marke, die nicht „von oben verordnet" wirkt, sondern im Alltag authentisch angenommen wird.

Im Zusammenhang mit Security Branding bedeutet das:

1. Verstehen und Beobachten: Mitarbeitende befragen, wie sie Sicherheit erleben und wo Hürden liegen.
2. Perspektiven einnehmen: Personas oder Nutzerprofile nutzen, um verschiedene Zielgruppen (z. B. Küche, HR, IT) abzubilden.
3. Ideen entwickeln: In Workshops Claims, Logos oder Kampagnenideen gestalten, die Sicherheit attraktiv machen.

4. Prototypen bauen: Erste Entwürfe für Poster, Maskottchen oder Storytelling-Formate testen.
5. Testen und Anpassen: Feedback der Mitarbeitenden aufnehmen und die Marke iterativ verbessern.

Kurz gesagt: Design Thinking macht Security Branding nutzerzentriert. Nicht der CISO bestimmt die Marke, sondern die Mitarbeitenden gestalten sie mit.

Elemente und Tools des Security Brandings

Damit Branding seine volle Wirkung entfalten kann, sind konkrete Instrumente erforderlich. Dabei sind drei Elemente zentral:

Tab. 5.1 zeigt die drei zentralen Elemente des Brandings „Leitfiguren, Visualisierung", „Wording, Claims" und Kanäle, welchen Zweck diese erfüllen und ein Beispiel, wie das Ninja Maskottchen, oder ein Slogan „Security4YOU".

Das Key Visual in Abb. 5.2 ist das Maskottchen, kombiniert mit dem Claim „Security4YOU" in einem Emblem. Es ist die immer wiederkehrende Marke. Ein Claim verdichtet die Kernbotschaft einer Marke in einem einprägsamen Satz oder Motto. Dadurch können sich Menschen leicht an den Zweck und die Haltung der Marke erinnern.

Branding schafft Loyalität, Vertrauen und eine nachhaltige Sicherheitskultur

Letztlich ist der Erfolg von Security Awareness eine Frage der Loyalität und des inneren Bekenntnisses zur Unternehmenssicherheit. Statt auf Zwang und Compli-

Tab. 5.1 Elemente des Security Brandings der SV Group

Element	Zweck	Beispiele
Leitfiguren & Visualisierung	Schaffen emotionale Nähe, bleiben im Gedächtnis und transformieren das „Polizei-Image" (Corporate Design).	Maskottchen, einprägsame Logos, klare Farbpalette für Warn- vs. Info--Kommunikation.
Wording & Claims	Fassen die Botschaft prägnant zusammen und transportieren Orientierung und Emotion.	„Security4YOU", „Gemeinsam für mehr Sicherheit", „Im Zweifel: Melden!".
Kanäle	Gewährleisten Wiederholung und Konsistenz für maximalen Wiedererkennungseffekt.	E-Learnings, Poster, Intranet-News, Videobotschaften mit Storytelling-Ansatz, Giveaways.

Abb. 5.2 Maskottchen kombiniert mit dem Claim „Security4YOU“

ance zu setzen, sollte das Ziel darin bestehen, Freiwilligkeit und Engagement zu wecken.

Menschen sind von Natur aus loyaler gegenüber Marken, die positive Assoziationen wecken. Sie folgen jenen, die:

- Vertrauen aufbauen und Halt geben
- Orientierung bieten und Komplexität reduzieren
- Sinn stiften und einen Beitrag zum grossen Ganzen sichtbar machen.

Idealerweise wird ein gelungenes Security-Awareness-Branding durch überzeugendes Storytelling unterstützt. So nehmen Mitarbeitende die Sicherheitsfunktion nicht als Bremsklotz, sondern als Schutzschild für gemeinsame Werte und Ziele wahr.

Die drei zentralen Effekte auf Mitarbeitende

Ein starkes Security-Branding trägt entscheidend dazu bei, dass Mitarbeitende:

- Risiken besser erkennen. Sie entwickeln ein Gespür dafür, welche Werte (Daten, Reputation, Geschäftsfähigkeit) geschützt werden müssen und warum eine Gefahr besteht. Die Motivation kommt von innen.
- Sie wertschätzen ihren eigenen Beitrag zur Sicherheit. Sie verstehen, dass Sicherheit keine Aufgabe der IT-Abteilung ist, sondern Teamsport, der für den Unternehmenserfolg unabdingbar ist. Das Wissen, aktiv zum Schutz beizutragen, stärkt die Identifikation mit dem Unternehmen. Gleichzeitig fühlen Sie sich befähigt und ermutigt, Beobachtungen oder Vorfälle proaktiv zu melden.
- Sie handeln im Alltag bewusster: Sichere Entscheidungen werden zur Gewohnheit und sind nicht mehr nur eine Reaktion auf ein Verbot. Das Branding liefert eine emotionale und kognitive Abkürzung für richtiges Verhalten.

Key Take-aways: Branding in der Security Awareness
Sascha schliesst seinen Beitrag damit, dass ein erfolgreiches Security-Awareness-Branding entsteht, wenn Sicherheit als konsistente und wiedererkennbare Marke wahrgenommen wird, die Vertrauen schafft und das Verhalten nachhaltig prägt. Dabei ist es entscheidend, die Mitarbeitenden aktiv in die Gestaltung einzubeziehen. Denn nur im Dialog mit den zielgruppen entwickelt sich jene Authentizität, die für echte Akzeptanz sorgt. Eine rein top-down verordnete Kommunikation bleibt hingegen wirkungslos. Die enge Zusammenarbeit mit der Kommunikationsabteilung sowie die konsequente Einhaltung der Corporate-Identity-Richtlinien bilden schliesslich das Fundament für die Glaubwürdigkeit und die langfristige Wirkung der Sicherheitskultur im Unternehmen.

Kampagne „Security4YOU"
Die SV Group erhielt für ihre Kampagne mit Ninja-Maskottchen einen Care4Aware Award. Der Slogan lautet: „Security4YOU". Die Ninjas beschützen die SV Group schon einige Jahre. Sie werden auf allen Kanälen verbreitet, sei es im Intranet, im Newsletter, oder auf Merchandise:

Die Abb. 5.3 zeigt zwei Tablets mit verschiedenen Formaten der Security-Awareness-Kommunikation: den „Security Snack" und die „ISO News" mit wichtigen Hinweisen und Nachrichtenartikeln zu Angriffen im konsistenten Ninja-Branding.

Die Abb. 5.4 zeigt verschiedene Merchandising-Artikel einer Security-Awareness-Kampagne mit einem einheitlichen Ninja-Maskottchen als Markenbotschafter.

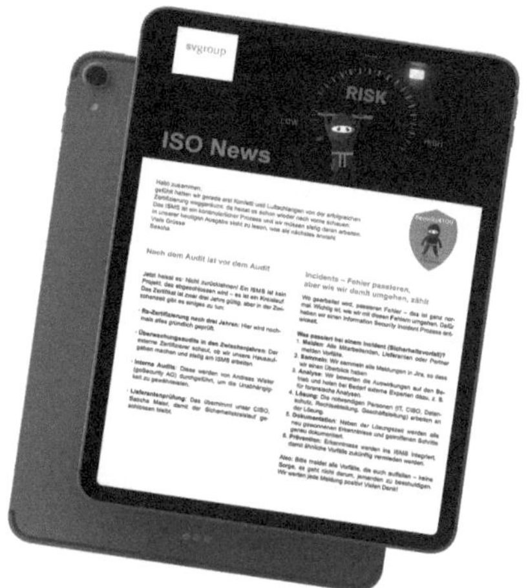

Abb. 5.3 Die Ninjas im Intranet weisen auf wichtige Sicherheitsinhalte hin

Abb. 5.4 Bedruckte Merchandise der Ninja-Kampagne

Die Vielfalt der Ninjas spiegelt die Diversität der Belegschaft wider und verdeutlicht, dass Sicherheit ein Gemeinschaftsprojekt ist. Die Kampagne hat dazu beigetragen, dass Sicherheit als positiver Teil der Unternehmenskultur wahrgenommen wird, über den diskutiert, den man mitträgt und lebt. Die Ninjas leben weiter und verteidigen die SV Group.

5.4 Toolkit Branding

Die folgenden Toolkits helfen dabei, dass die Sicherheitsabteilung als vertrauenswürdig wahrgenommen wird. Sie decken drei Teile ab: Die richtige Positionierung der Marke, die Wahl der richtigen Vertriebskanäle und die Gestaltung einprägsamer Maskottchen, Slogans und dem Motto.

5.4.1 Toolkit Branding-Prozess und Positionierung der Marke

Wie die eingangs erwähnte Kuh mit dem Brandzeichen benötigen Sicherheitsabteilungen ein eigenes Markenzeichen, das den Mitarbeitenden Orientierung gibt und Vertrauen weckt. Rastogi und von Solms (2012) greifen diese Idee in ihrem „Information Security Service Branding"-Prozess (ISSB) auf. Der Prozess besteht aus vier Schritten, die die Sicherheitsabteilung vom ungeliebten „Polizisten" hin zur geschätzten „Schutzmarke" entwickeln. Die Hauptschritte am Beispiel des Kuh-Brandings sind:

1. Definition: Der Kuhbesitzer entscheidet, dass sein „K"-Brandzeichen für Vertrauenswürdigkeit und Zuverlässigkeit stehen soll.
2. Kommunikation: Das „K" wird auf alle Kühe gebrannt und der Kuhbesitzer verhält sich stets respektvoll gegenüber den Nachbarn.
3. Verinnerlichung der Marke: Die Nachbarn erkennen das „K" sofort wieder und verbinden es automatisch mit positiven Eigenschaften.
4. Regelmässige Evaluation: Der Kuhbesitzer überprüft regelmässig, ob sein „K"-Brandzeichen bei Viehauktionen zu höheren Preisen gehandelt wird als andere.

Schritt 1: Definition des Markenbildes

Genau wie beim Kuhhändler wird im ersten Schritt festgelegt, welches „Brandzeichen" die Informationssicherheit in den Köpfen der Mitarbeitenden hinterlassen soll. Dabei kann die Frage gestellt werden: „Welche Assoziationen, welches Gefühl oder welches ‚mentale Bild' sollen bei der Nennung von Informationssicherheit entstehen?"

Der Begriff „Informationssicherheit" ist oft negativ besetzt. Er wird beispielsweise als arbeitsverhindernd, restriktiv oder nicht zuständigkeitsbezogen wahrgenommen. Durch eine gezielte Markenpositionierung soll daraus ein neues, positives Image aufgebaut werden.

Am Ende dieses Schrittes sollte klar definiert sein, dass das Markenbild der Informationssicherheit in den Köpfen der Mitarbeitenden von Kompetenz, Aufrichtigkeit und echter Unterstützung geprägt sein soll.

Ein Beispiel hierfür ist: „Wir bieten einfache, verständliche und praxisnahe Unterstützung, damit jede und jeder Mitarbeitende Sicherheit im Arbeitsalltag selbstbewusst meistern kann."

Schritt 2: Kommunikation der Marke mit den fünf E

In einem zweiten Schritt soll die Marke für Informationssicherheit bekannt gemacht werden. Das Ziel besteht darin, dass sich Mitarbeitende leicht an die Marke erinnern, sie schnell wiedererkennen und mit möglichst vielen Situationen verknüpfen. In diesem Schritt brennt der Kuhbesitzer sein „K" nicht nur auf die Kühe, sondern er trägt sein Logo auch an anderen Orten, beispielsweise auf seiner Arbeitskleidung, oder bringt es an seinem Fahrzeug an, um es sichtbarer zu machen.

Genauso kann die Informationssicherheit dafür sorgen, dass Mitarbeitende sich leicht an die Marke erinnern und diese schnell wiedererkennen. Die folgenden fünf E führen durch das Kommunikationskonzept:

1. **Erkennen (Sichtbarkeit schaffen)**

Das Ziel: Die Marke sichtbar machen und für Wiedererkennung sorgen.

Leitfrage: „Wie soll unsere Security-Marke aussehen und wirken?"

Konkrete Massnahmen:

- Einzigartiges Logo gestalten
- Einprägsame Farben und einen Slogan formulieren
- Designrichtlinien (Templates, Icons) festlegen

Tipp: Es ist sehr wertvoll und fördert die Akzeptanz eines neuen Logos oder Maskottchens, wenn die Mitarbeitenden in den Entstehungsprozess eingebunden werden. Dies kann in Form von Umfragen oder Abstimmungen erfolgen, die beispielsweise im Intranet geschaltet werden.

2. **Erreichen (Kanäle auswählen)**

Das Ziel: Alle Zielgruppen regelmässig adressieren

Leitfrage: „Über welche Kanäle und Formate erreichen wir die Mitarbeitenden am besten?"

Konkrete Massnahmen:

- Kommunikationsplan für Intranet erstellen
- E-Mails
- Poster
- Meetings
- Awareness-Kampagnen planen

Tipp: Probieren geht über Studieren. Hier kann eine iterative Test-Herangehensweise wertvoll sein. Man sollte Kanäle eine Weile testen und beobachten, wie sie ankommen. Entsteht „Flurfunk" darüber? Oder wird die Massnahme ignoriert und kommt somit nicht an?

3. **Erklären (Verständnis schaffen)**

Das Ziel: Sicherheit verständlich und anwendungsbezogen erklären

Leitfrage: „Wo besteht noch Unsicherheit oder Unverständnis? Wie können wir Komplexität reduzieren?"

Konkrete Massnahmen:

- Erklärvideos erstellen
- Eine FAQ-Seite
- Kurze Schritt-für-Schritt-Anleitungen
- Auf Piktogramme und Storytelling setzen, statt auf Fachjargon

4. **Erleben (Marke im Verhalten verankern)**

Das Ziel: Sicherheitsverhalten als Teil der Marke verankern

Leitfrage: „Wie verbinden wir die Marke mit Alltagsverhalten und -situationen?"

Konkrete Massnahmen:

- Kurze Leitmotive oder Slogans entwickeln wie „Passwörter schützen & Daten schützen"
- Sichere Verhaltensweisen sichtbar im Alltag markieren (z. B. Sticker auf Laptops, Hinweise im Login-Bereich)

5. **Engagement (Community schaffen)**

Das Ziel: Aktive Beteiligung, Community-Gefühl, Peer-Lernen und Belohnung fördern

Leitfrage: „Wie können Mitarbeitende selbst aktiv werden? Wie stärken wir positives Verhalten?"

Konkrete Massnahmen:

- Beispielsweise ein Security-Champions-Programm starten
- Best-Practice-Beiträge öffentlich machen
- Loben und belohnen
- Anonymes Feedback zu Schulungen und Massnahmen ermöglichen

Diese Teile können schrittweise durchlaufen werden, um einen konkreten Kommunikationsplan zu erstellen. Das Ziel besteht darin, eine Verbindung zum Alltag herzustellen, die Inhalte emotional und persönlich zu gestalten, um die Angestellten persönlich anzusprechen, einzubinden und Wertschätzung zu vermitteln, wodurch ihr Engagement gefördert wird.

Tipp: Nutzen Sie für diesen Schritt regelmässige Kampagnen, kurze Videobotschaften von Kollegen, Erfolgsgeschichten im Intranet oder Security-Botschafter-Programme. All diese Massnahmen tragen dazu bei, die Marke „Security als Teamwork" greifbar zu machen.

Schritt 3: Verinnerlichung der Marke: Taten für sich sprechen lassen

Im dritten Schritt zeigt sich, ob das „K"-Brandzeichen des Kuhhändlers wirklich hält, was es verspricht. Es reicht nicht aus, dass alle Nachbaren das Zeichen kennen und wissen, wofür es stehen soll. Jetzt kommt es auf jede konkrete Begegnung an: Hält er seine Versprechen ein? Ist er tatsächlich hilfsbereit, wenn ein Nachbar Probleme hat? Behandelt er seine Tiere gut? Zahlt er seine Rechnungen pünktlich? Jeder persönliche Kontakt, jede Interaktion prägt das Bild seines „K"-Brandzeichens.

Genauso stellt dieser Schritt die eigentliche Arbeit dar. Die Informationssicherheit muss von innen heraus gelebt werden. Die Markenwahrnehmung wird durch die konkreten Erfahrungen der Mitarbeitenden geprägt, die mit Sicherheitsmassnahmen, dem Sicherheitsteam, Prozessen und Tools in Kontakt kommen. Wenn dieser Schritt kontinuierlich und authentisch umgesetzt wird, kann eine positive Sicherheitskultur entstehen. Teile davon sind:

- Sicherheit wird von der Führung vorgelebt und stark wertgeschätzt.
- Prozesse und Technologien sind auf Benutzerfreundlichkeit ausgerichtet. Bei der Einführung neuer Tools werden Mitarbeitende in die Testphase einbezogen.
- Es gibt klare Meldewege und Ansprechpersonen in der Sicherheitsabteilung, die hilfsbereit und kooperativ agieren.
- Generell wird eine Fehlerkultur gelebt, in der Mitarbeitende offen zugeben können, wenn sie Unsicherheiten haben, ohne dafür verurteilt zu werden, wodurch sie zunehmend an Sicherheit und Selbstwirksamkeit gewinnen.

Tipp: Eine „Security-Support-Hotline", die neben dem Helpdesk für Fragen zur Sicherheit zur Verfügung steht.

Schritt 4: Regelmässige Evaluation
Im vierten Schritt wird der Ruf des Brandzeichens regelmässig evaluiert. Wird regelmässig nach den Zuchtkühen gefragt? Erzielen sie weiterhin gute Preise? Falls sich etwas geändert hat, woran liegt es?

Für Sicherheitsabteilungen können folgende Leitfragen hilfreich sein:

- Wird die Marke so wahrgenommen, wie sie gemeint ist?
- Werden die Kommunikationsmittel als hilfreich und zugänglich empfunden?
- Welche Formate, Inhalte oder Anreize werden bevorzugt?

Mögliche Feedbackformate sind beispielsweise Umfragen, kurze Pulsmessungen nach Schulungen, Interviews oder Fokusgruppen.

Tipp: Feedback-Umfragen nach jedem Awareness-Training und jährliche Image-Checks decken Verbesserungsbedarf auf, etwa zur gewünschten Schulungsform oder zum wahrgenommenen Nutzwert. Das Branding und die Services werden daraufhin angepasst. (Weitere Messarten können dem Kapitel „Messbarkeit und Management-Reporting" entnommen werden)

5.4.2 Toolkit Kanäle und Kommunikationsmittel

In Unternehmen gibt es zahlreiche Möglichkeiten, mit Mitarbeitenden zu kommunizieren. Nicht alle sind in jedem Umfeld geeignet. Am besten ist es, wenn die Kommunikationsabteilung des Unternehmens die verschiedenen Möglichkeiten bereits getestet hat. Hier eine Auswahl möglicher Kommunikationswege:

1. Face-to-Face Interventionen

- Einzelpersonen
  - Direkte persönliche Formate, die auf individuelle Rollen oder Vorfälle eingehen:
  - 1:1-Awareness-Coaching (z. B. nach einem sicherheitsrelevanten Fehlverhalten)
  - Sensibilisierungsgespräch mit Führungspersonen oder Risikopersonen
  - Zoom-Call
- Gruppen (Kollaborative Formate mit direkter Interaktion)
  - Workshops zu Social Engineering oder Data Hygiene
  - Awareness Escape Rooms oder Serious Games
  - interaktive Live-Simulationen mit Rollenverteilung (z. B. Incident-Response-TableTop)
  - Webinare

2. Distanzbasierte Interventionen

- Unternehmensebene und in der Öffentlichkeit
  - Broadcast Medien (weitreichende Formate zur Sensibilisierung)
    Awareness-Videos im Intranet, in den sozialen Medien oder auf Konferenzen
    Interne oder externe Podcasts mit realen Fallstudien
    Videobotschaften der Geschäftsleitung zum Thema Sicherheitskultur
  - Outdoor Medien (visuelle Präsenz im physischen Raum)
    Plakate oder digitale Infoscreens im Gebäude
    Reminder an Druckern, Kaffeemaschinen oder Screens: „Denk an deine Daten."
  - Print Medien (physische oder digitale Informationsmittel)
    Awareness-Flyer mit Verhaltenstipps für spezifische Rollen (z. B. HR, Sales)
    Mini-Poster oder Booklets mit Passwort- oder Phishing-Checklisten
  - Digitale Medien (skalierbare Formate auf digitalen Plattformen)
    Interaktive Awareness-Plattformen mit Lernpfaden, Badges und Gamification
    Mobile Awareness-Apps mit Quizfunktionen oder Phishing-Challenges
    Social-Media-Content wie LinkedIn-Kampagnen zu aktuellen Sicherheitsrisiken

1. Individuumsebene
   - Telefonische oder textbasierte Kanäle
     - Awareness-Hotline oder Meldekanal bei verdächtigen Mails
     - Reminder per Messenger oder In-App: „Mach auch mit bei der Gamification.“
   - Individuell zugängliche Programme
     - Microlearning via E-Learning-Plattform, auf Zielgruppen zugeschnitten
     - Self-Assessments („Wie sicher bist du unterwegs?“)
     - Chatbots oder KI-Coaches für Sicherheitsszenarien (z. B. „Erkenne den Scam“)

Tipp: „Do Good and Talk about it“. Mitarbeitende sehen oft mehr, als Awareness-Verantwortliche denken. Auch wenn etwas auf einem vermeintlich unternehmensfremden Kanal wie den sozialen Medien (z. B. LinkedIn) gepostet wird, kann das die Belegschaft erreichen. Besonders Fotos von bekannten Gesichtern innerhalb des Unternehmens sowie von speziellen Events können positive Resonanz und Bekanntheit fördern.

5.4.3 Toolkit Maskottchen, Slogans und Logo

Wer kennt ihn nicht, den legendären Marlboro Man? Er wurde sogar auf Platz eins der „101 einflussreichsten Leute, die nie gelebt haben“ gewählt. Überrascht es, dass es so eine Liste überhaupt gibt? Solche von der Marketingindustrie geschaffenen Charaktere können mit Influencern und bekannten Persönlichkeiten bei der erfolgreichen Vermarktung von Produkten mithalten. Weitere berühmte Figuren sind beispielsweise „Barbie“, „König Arthur“ oder sogar „Big Brother“ aus George Orwells Roman „1984″ (Spiegel.de 2006).

Kampagnenmaskottchen visualisieren die Botschaft einer Kampagne. Sie repräsentieren und personifizieren den Inhalt. Sie werden mit dem Ziel geschaffen, die Inhalte einprägsamer und sympathischer zu machen (Patterson et al. 2013).

Was haben gut gemachte Maskottchen gemeinsam? Sie haben eine Hintergrundgeschichte und besitzen eine gute Portion Persönlichkeit. Zu Beginn überlegt man sich am besten das Genre, zu welchem die Figur passen könnte. Stammt sie aus einem Krimi? Aus einem Märchen? Oder eher aus der Science-Fiction-Literatur?

Auf dieser Grundlage kann eine fiktive Biografie mit Missionen, Details und individuellen Merkmalen entwickelt werden. Beispiele hierfür sind ein Cape wie bei Superman oder eine blaue Haut wie bei den Schlümpfen. Das Verhalten sollte zudem kohärent sein. Das heisst, wenn ein Maskottchen aus einer Mittelalterwelt gewählt wird, sollte es auch entsprechend sprechen, Haltung zeigen und gekleidet sein.

Folgend finden Sie einen Fragebogen, der Ihnen dabei hilft, einen Charakter auszuarbeiten (Osman 2020). Es ist sinnvoll, dabei das Ziel des Maskottchens im Auge zu behalten, z. B. die Aufklärung über Sicherheit und dessen Verkörperung.

Grundinformationen
Name:
Alter:
Geschlecht:
Spezies, Rasse, Nationalität:
Hautfarbe:
Gesichtsform, Gesichtsmerkmale, Haare, Brille:
Besondere Merkmale, Tics, Eigenheiten:
Kleidung, Kleidungsstil:
Gestik, Körpersprache:
Gesundheitszustand:
Hobbys, Interessen:
Lieblingssprüche oder -aussagen:
Stimme (Klang):
Gangart:
Grösste Schwäche:
Stärkste Eigenschaft:

Einstellungen und Hintergrund
Bildung, Ausbildungsweg:
Intelligenzniveau (subjektiv oder objektiv):
Ziele im Leben:
Selbstbild: Wie sieht sich die Figur selbst?
Selbstvertrauen:
Von Emotionen geleitet?
Archetyp: (z. B. MentorIn, HeldIn, TricksterIn etc.)
Zeit, Epoche:
Fünf wichtige Hintergrundereignisse, die zur aktuellen Handlung führen: _____

So entsteht Frage um Frage eine lebendige Figur, die an die Corporate Identity und die Unternehmenskultur angepasst werden kann. Kampagnenmaskottchen können die Botschaft von Sicherheitskampagnen unterstützen und sind vielseitig einsetzbar. Beispielsweise als Videofiguren, auf Postern, Stickern oder Sperrbildschirmen.

Ein Logo erhöht den Wiedererkennungswert zusätzlich. Zudem sind sie praktisch, da sie bei Platzmangel anstelle des Namens verwendet werden können (Kohli und Suri 2002). Für ein gutes Logo gibt es keine universelle Formel. Es sollte jedoch dem Security-Awareness-Ziel entsprechen, leicht einprägsam und positiv wirken. Es muss nicht zwingend symmetrisch sein, aber visuell stimmig wirken. Hier geht es mehr um die Bedeutung des Logos als um seine visuelle Schönheit, denn seine primäre Funktion ist, dass man eine Information (Marke) mit dem Bild (Logo) verknüpft.

Slogans vervollständigen das Trio aus Maskottchen, Logo und Botschaft. Wie ihre visuellen Geschwister haben sie die Mission, die Sicherheitsbotschaft zu verbreiten und nachhaltig im Gedächtnis zu verankern.

5.4.4 Abschluss

Die Bandbreite des Brandings in der Sicherheit reicht von einer entlaufenen Kuh über Ninjas im Hotel bis hin zum Marlboro-Mann. Maskottchen und Branding im Sicherheitsbereich bringen frischen Wind hinein. Die in diesem Kapitel vorgestellten Werkzeuge reichen von einem umfangreichen Branding-Prozess über eine Auswahl an Kommunikationskanälen bis zu den Maskottchen und Logos selbst. Diese Instrumente helfen, aus dem „Polizei-Image" eine geschätzte Schutzmarke zu formen, und stärken das Vertrauen der Mitarbeitenden in die Sicherheitsmassnahmen.

Wie in diesem Kapitel bereits mehrfach erwähnt, muss die Entwicklung von Maskottchen, Logo und Branding keine Einzelarbeit sein. In diesem Prozess ist die Zusammenarbeit mit den Mitarbeitenden der Unternehmung sehr wertvoll. Wie Sascha Maier es ausdrücken würde: „Die Crowd hat recht." Auch wenn das Ergebnis dann vielleicht etwas anders aussieht, als es die Verantwortlichen für das Bewusstsein entwickelt hätten, wird es mit viel höherer Wahrscheinlichkeit bei der Mehrheit gut ankommen.

Literatur

Keller KL, Webster F (2004) A roadmap for branding industrial markets (SSRN scholarly paper no. 530823). Soc Sci Res Netw. https://doi.org/10.2139/ssrn.530823

Kohli C, Suri R (2002) Creating effective logos: insights from theory and practice. Bus Horiz 45(3):58–64. https://doi.org/10.1016/S0007-6813(02)00203-3

Osman M (2020) Creative character design. https://www.academia.edu/42688885/Creative_Character_Design

Patterson A, Khogeer Y, Hodgson J (2013) How to create an influential anthropomorphic mascot: literary musings on marketing, make-believe, and meerkats. J Mark Manag 29(1–2):69–85. https://doi.org/10.1080/0267257X.2012.759992

Rastogi R, von Solms R (2012) Information security service branding-beyond information security awareness. Systemics, Cybernetics and Informatics 10(6):54–59

Spiegel.de. (2006, Oktober 18). Liste erfundener Ikonen: Die Macht des Marlboro-Manns. Der Spiegel. https://www.spiegel.de/kultur/gesellschaft/liste-erfundener-ikonen-die-macht-des-marlboro-manns-a-443286.html

Sicherheitskultur 6

6.1 Abstract

Eine Kultur ist ein abstrakter Begriff, der aus sichtbarem Verhalten und bekundeten Werten, aber auch aus unbewussten Grundannahmen besteht. Viele Sicherheitsverantwortliche wissen nicht, wo sie damit beginnen können, diese zu beeinflussen. In der Literatur wird eine Kultur oft mit einem Eisberg verglichen: 80 % davon befinden sich unter Wasser und sind somit unsichtbar. Eine Kultur kann daher nur indirekt beeinflusst werden und dies erfordert viel Geduld.

Das Toolkit in diesem Kapitel beschreibt vier Massnahmen, die eine Kultur positiv beeinflussen können. Diese umfassen positive Verstärkung statt Bestrafung, Rollen- und Vorbilder durch Security-Champions-Programme, ein starkes Management-Engagement sowie eine positive Fehlerkultur. Abschliessend thematisiert das Kapitel die oft vernachlässigte interne Krisenkommunikation und stellt eine Checkliste bereit, um Mitarbeitende mental auf den Ernstfall vorzubereiten und so das Vertrauen in die Führung zu sichern.

Wesentlich ist, dass das Sicherheitsbewusstsein nicht als kurzfristige Massnahme, sondern als langfristiger kultureller Wandel verstanden wird, bei dem alle Mitarbeitenden mitgenommen und motiviert werden.

6.2 Einführung

Bei der amerikanischen Security-Awareness-Firma KnowBe4 kam es im Jahr 2024 zu einem Vorfall. Das Unternehmen erhielt eine auf den ersten Blick normale Bewerbung auf eine Remote-Stelle als Software-Entwickler. Der Lebenslauf

J. Wick, *Security-Awareness-Tools*,
https://doi.org/10.1007/978-3-658-51112-8_6

überzeugte mit viel Erfahrung und einer guten Ausbildung, zudem wirkte das Profil sympathisch. Beim virtuellen Vorstellungsgespräch sass ein Mann mittleren Alters vor der Kamera, der kompetent wirkte. Es gab keinen Grund zu zweifeln, und er erhielt die Stelle. Das einzige Problem dabei war, dass seine gesamte Identität erfunden war.

Der neue Firmenlaptop wurde ihm nach Hause geschickt. Dann gingen im Security Operations Center (SOC) die ersten Alarme los. Kaum hatte der neue Mitarbeiter den Laptop erhalten, begann er, Schadsoftware darauf zu installieren. Der Angriffsversuch konnte verhindert werden und wurde organisierten koreanischen Hackergruppen zugeordnet. Im Jahr 2024 veröffentlichte KnowBe4 einen Blogartikel über diesen Vorfall. Dies ist ein beispielhafter Umgang mit Fehlern und spricht für eine starke Fehler- und Sicherheitskultur. Denn eine Sicherheitskultur beinhaltet unter anderem, dass Fehler gemacht werden dürfen und man aus ihnen lernt.

Eine Sicherheitskultur setzt sich aus weiteren Elementen zusammen, die durch Security-Awareness-Tools beeinflusst werden können. In der Theorie wird Kultur oft mit einem Eisberg verglichen: 80 % eines Eisbergs befinden sich unter Wasser und sind somit unsichtbar. Schein (1985) unterscheidet drei Teile dieses Eisbergs, die als Sicherheitskultur wie folgt aussehen würden:

1. Sichtbares: Phishing wird proaktiv gemeldet. Es gibt Rituale wie monatliche Awareness-Momente, Wettbewerbe, Events und Einrichtungen für Sicherheit wie Bildschirmschutz, abschliessbare Schränke und Badges.
2. Bekundete Werte: Es wird kommuniziert, dass alle für den Informationsschutz verantwortlich sind. Es gibt Leitbilder, die eine offene Kommunikation im Fehlerfall betonen und das Zugeben von Fehlern belohnen.
3. Unbewusstes: Jede Person in der Unternehmung fühlt sich unbewusst verantwortlich, weiss, dass sie jederzeit Fehlverhalten melden kann und nichts vertuscht werden muss.

Ein Security-Awareness-Programm allein kann keine Sicherheitskultur schaffen, in der alle Mitglieder der Organisation Sicherheit im Alltag priorisieren. Es kann jedoch positiv dazu beitragen, dass eine Sicherheitskultur entsteht.

6.3 Toolkit Sicherheitskultur

In Unternehmen A werden Mitarbeitende öffentlich gerügt, wenn sie auf Phishing-Tests hereinfallen. In Unternehmen B erhalten sie hingegen eine Nachschulung und werden ermutigt, verdächtige E-Mails zu melden, ohne Konsequenzen, wie Jobverlust, fürchten zu müssen. Raten Sie, in welchem Unternehmen mehr Sicherheitsvorfälle und Fehler gemeldet werden?

Eine Sicherheitskultur entsteht nicht durch Zwang, einzelne trainings oder Intranet-Richtlinien, sondern durch tägliche erfahrungen. Durch Vorbilder, Anerkennung und ein Klima, in dem Sicherheit als Teil der gemeinsamen Verantwortung betrachtet wird.

Die Forschung zeigt, dass eine wirksame Sicherheitskultur auf mehreren Säulen ruht: Dazu gehören Führung und Struktur (Management-Unterstützung, Richtlinien, Compliance), Kompetenz und Bewusstsein (Schulungen, Wissen, Risikoverständnis) sowie Motivation und Verhalten (Belohnungen, Kommunikation, Vertrauen, Eigenverantwortung) (Uchendu et al. 2021).

Dem folgenden Abschnitt können einige Beispiele entnommen werden, wie sich die Sicherheitskultur anhand dieser Faktoren positiv fördern lässt.

6.3.1 Toolkit Positive Verstärkung und Belohnungen

„Einfach die Strafen erhöhen, dann verhalten sich alle sicher." So denken viele Unternehmen. Dahinter steht die Annahme, dass Menschen rein rational handeln und Kosten gegen Nutzen abwägen. Doch die Realität in Unternehmen zeigt: Der Mensch tickt komplexer. Wenn hohe Strafen drohen, entwickeln Mitarbeitende Vermeidungsstrategien. Sie melden Vorfälle weniger und gestehen Fehler noch seltener ein. Das Resultat ist „Dienst nach Vorschrift" und Demotivation.

Trotz dieser bekannten Problematik setzen viele Unternehmen weiterhin primär auf Bestrafung statt auf positive Verstärkung. Die folgende Übersicht zeigt beide Ansätze im direkten Vergleich (Blythe et al. 2020):

In der Tab. 6.1 werden zwei grundlegend verschiedene Ansätze im Umgang mit Sicherheitsverhalten gegenübergestellt. Links sind die Bestrafungsansätze, rechts die Belohnungsansätze dargestellt.

Auf der linken Seite sind Strafmassnahmen zu sehen, die nach Schweregrad gestaffelt sind: von milden Massnahmen wie Nachschulungen und Einzelgesprächen über mittlere Massnahmen wie verpflichtende Workshops und eingeschränkten Zu-

Tab. 6.1 Belohnungs- und Bestrafungsansätze nach Schweregrad

Bestrafungsansätze	Belohnungsansätze
Milde Massnahmen:	**Einfache Anerkennungen:**
Nachschulung	Abschlusszertifikate
Einzelgespräche	Give-Aways, Badges, Sticker, Süssigkeiten
Information des Vorgesetzten über riskantes Verhalten	Lob durch Geschäftsleitung
	Security-Meilensteine, Belohnung für alle
Mittlere Massnahmen:	
Verpflichtung zu persönlichen Workshops	**Events und Gemeinschaftsaktionen:**
Eingeschränkter privilegierter Zugriff	Security-Breakfast/-Lunch/-Market
	Kampagnenstart mit Eis oder Pizza
Schwere Massnahmen:	Kinoabend mit lehrreichen Serien
Arbeitsplatz-Sperrung bis Schulungsabschluss	
Erteilung einer Abmahnung	**Wettbewerb und Gamification*:**
Namentliche Blossstellung wegen riskanten Verhaltens	Security Score mit regelmässigen Gewinnern
Jobverlust	Phisher des Monats mit Wanderpokal
	Challenges, Schnitzeljagden, Hackathons, Escape Rooms, Spiele
	Ranglisten und Gamification
	Glücksrad mit Sicherheitsquiz
	Verlosungen und Wettbewerbe
	Öffentliche Würdigung:
	Wall of Fame
	Spotlight-Beiträge über sicheres Verhalten
	Aufnahme in Champions-Gruppen

*siehe Kap. 3 „Interaktive und spielerische Ansätze“

griff bis hin zu schweren Konsequenzen wie Arbeitsplatzsperrung, Abmahnungen und namentlicher Blossstellung.

Auf der rechten Seite werden zahlreiche positive Anreize geboten: einfache Anerkennungen wie Zertifikate, Give-aways und Lob durch die Geschäftsleitung, Events und Gemeinschaftsaktionen wie Security-Breakfasts, Kampagnenstarts und Kinoabende, verschiedene Gamification-Elemente wie Security Scores, Challenges, Escape Rooms und Ranglisten sowie öffentliche Würdigungen wie die Wall of Fame und Spotlight-Beiträge über sicheres Verhalten.

Die Gegenüberstellung macht deutlich: Während auf der Bestrafungsseite Eskalation und Konsequenzen im Vordergrund stehen, bietet die Belohnungsseite eine

Vielzahl kreativer und motivierender Ansätze. Positive Verstärkung bietet mehr Gestaltungsspielraum als punitive Massnahmen.

Bestrafungen können zwar kurzfristig wirken, haben aber viele negative Nebenwirkungen. Konsequenzen müssen dennoch nicht vollständig entfernt werden. Bestrafungen können auch auf eine Weise durchgeführt werden, die nicht strafend wirkt, aber dennoch didaktisch sinnvoll ist. So kann beispielsweise bei wiederholten Klickern ein Einzelgespräch Klärung bieten, das nicht zwingend als Bestrafung wahrgenommen werden muss. Darin wird die Erwartungshaltung erklärt und Gründe ermittelt, weshalb das gewünschte Verhalten nicht gezeigt wird (siehe auch Abschn. 2.5.).

Bei der Gestaltung der Belohnungen sind der Kreativität keine Grenzen gesetzt. Die verschiedenen Typen von Belohnungen können an die Unternehmenskultur und die Mitarbeitenden angepasst werden. Ist die Kultur eher verspielt? Eher konservativ oder praxisnah? Belohnungen und ein vertrauensvoller Umgang mit Fehlern schaffen bessere Voraussetzungen für nachhaltige und wirksame Cybersicherheit. Dafür benötigen Sicherheitsverantwortliche jedoch viel Unterstützung aus der Führung, Einfluss und Ressourcen.

6.3.2 Toolkit Rollen- und Vorbilder

In grösseren Unternehmen ist oft nur eine Person für ein Awareness-Programm mit über 2000 Mitarbeitern verantwortlich. Hinzu kommt, dass die finanziellen Ressourcen begrenzt sind. Doch auch unabhängig von diesen Gegebenheiten ist es sinnvoll, ein Netzwerk von Sicherheits-Champions aufzubauen.

Das Verhalten von Rollen- und Vorbildern kann einen Dominoeffekt im Umfeld auslösen. Sicherheits-Champions erhöhen die Reichweite der Awareness-Tätigkeiten. Sie können Feedback aus unterschiedlichen Bereichen des Unternehmens weitergeben, an Proof-of-Concept-(POC)-Testphasen beteiligt werden und fungieren generell als Multiplikatoren.

Alshaikh (2020) nutzte für seine Studie das folgende Framework und erstellte innerhalb eines halben Jahres ein Champions-Netzwerk mit 96 Sicherheits-Champions. Das Vorgehen war wie folgt:

1. Executive Buy-in und strategische Planung
2. Definition von Rollen und Auswahlkriterien
3. Rekrutierung der Champions
4. Schulung und Aktivierung
5. Kommunikation und Community

Schritt 1: Executive Buy-in und strategische Planung
Zunächst wurde das Programm der Geschäftsleitung und dem Management vorgestellt, um Zustimmung und Unterstützung zu erhalten.

Schritt 2: Definition von Rollen und Auswahlkriterien
Danach wurde die Rolle genauer definiert. Die Rolle der Sicherheits-Champions wurde bewusst ohne technische Kenntnisse definiert. Optimalerweise waren es Personen, die sich auch schon für andere Change-Prozesse engagiert hatten. Ihre Aufgaben wurden so definiert, dass sie Awareness fördern, Sicherheitsverhalten unterstützen, Phishing melden und Schulungsbedarfe identifizieren.

Schritt 3: Rekrutierung der Champions
Die Champions wurden aus allen Abteilungen und Hierarchieebenen rekrutiert. Für 2500 Mitarbeitende wurden 96 Champions gewonnen.

Schritt 4: Schulung und Aktivierung
Alle Champions erhielten über einen Zeitraum von vier Wochen Aktivierungstrainings in lockerer Atmosphäre mit Donuts, Videos und dem „Simpsons-Thema“. Die Trainings wurden in Gruppen von zehn Personen durchgeführt und konzentrierten sich auf zentrale Sicherheitsverhalten, die aus den Richtlinien abgeleitet worden waren. Themen waren unter anderem Social Engineering, sichere Dateitransfers und die Erkennung von Phishing.

Schritt 5: Kommunikation und Community
Für die Nachhaltigkeit wurden kontinuierliche Informationskanäle eingerichtet: ein monatlicher Newsletter, interne soziale Netzwerke und eine zentrale Plattform zum Austausch von Scams und Materialien. Das Ziel war, eine selbsterhaltende Community zu schaffen, die laufend Wissen teilt und Awareness verbreitet.

Tipp: Aus der Praxiserfahrung kann ergänzt werden, dass auch ein kleineres Botschafterprogramm effektiv sein kann. Beim Finanzinstitut, das dieses Security-Ambassador-Programm einführte, wurde jedes der sieben Geschäftsleitungsmitglieder dazu aufgefordert, einen Champion zu benennen. Diese wurden in einen E-Mail-Verteiler aufgenommen und erhielten monatlich persönliche Informationen vom CISO. Zudem wurden sie an POCs beteiligt und stellten den direkten Kommunikationsweg zu den Vorgesetzten der Abteilungen in den Geschäftsbereichen dar. Durch diese privilegierte Stellung und Belohnungen in Form von speziellen Events wurde die Tätigkeit als Privileg statt als Zusatzbelastung wahrgenommen.

6.3.3 Toolkit Engagement des Top-Managements

Der CEO aus Unternehmen X involviert sich direkt in Awareness-Tätigkeiten. Er zeigt sich in Videos, steht spürbar hinter den Massnahmen und nimmt an Diskussionen und Veranstaltungen teil. In seinem Jahresupdate an die Belegschaft erwähnt er wichtige Phishing-E-Mail-Angriffe und betont, dass er selbst am Phishing-Simulationsprogramm teilnimmt. Diese Vorbildfunktion hat einen fast magischen Effekt auf die gesamte Unternehmung und darauf, wie Prioritäten im Alltag gesetzt werden.

Für den langfristigen Erfolg der Sicherheitskultur ist die sichtbare und konsistente Unterstützung durch das Management wichtig. Doch wie kann man diese Unterstützung erlangen, wenn sie nicht vorhanden ist?

Unfreeze – Change – Re-Freeze

Für die Veränderung tieferliegender Strukturen in einer Unternehmung kann Lewins Change-Management-Prozess herangezogen werden:

Lewins Modell (1952), visualisiert in Abb. 6.1, ist noch heute gültig und veranschaulicht das Vorgehen auf einfache Weise. Für eine Veränderung sind drei „Gefrier"-Schritte notwendig. Zunächst muss das aktuelle Level aufgetaut werden, das heisst, alte Strukturen, Prozesse und Kulturen müssen beseitigt werden. Anschliessend wird das neue, gewünschte Level eingeführt und dieser Zustand wieder eingefroren („Unfreeze", „Change", „Re-Freeze").

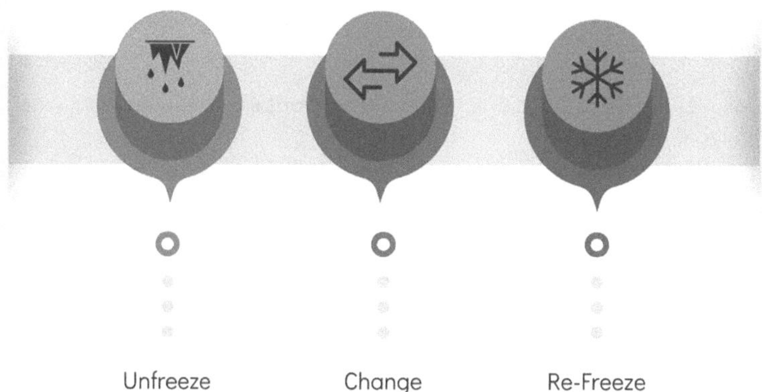

Abb. 6.1 Der Change-Management-Prozess nach Lewin (1952): Unfreeze, Change, Re-Freeze

Das klingt jetzt vielleicht etwas abstrakt. Hier ein Beispiel, wie das für die Einführung einer starken Passwort-Kultur aussehen würde:

Unfreeze (Auftauen): Das Unternehmen erkennt, dass die aktuelle Passwort-Praxis problematisch ist, viele nutzen noch „123456″ und schreiben Passwörter auf Notizzettel.

Change (Veränderung): Es werden neue Passwort-Richtlinien eingeführt, Passwort-Manager bereitgestellt und Schulungen durchgeführt. Der CEO nutzt öffentlich seinen eigenen Passwort-Manager und zeigt, dass starke Passwörter ganz einfach sein können.

Re-Freeze (Einfrieren): Die neuen Gewohnheiten werden durch regelmässige Erinnerungen, Belohnungen für eine gute Passwort-Hygiene sowie technische Massnahmen gefestigt. Nach sechs Monaten ist eine starke Passwortkultur zur neuen Normalität geworden.

Um genauer zu wissen, wie das funktioniert, können wir Kotters Prozess heranziehen. Kotter hat dafür acht Schritte definiert, die wir als praktische Vorlage für unterschiedliche Massnahmen nutzen können, um das Management-Engagement zu erhalten (By 2005).

1. Dringlichkeit
2. Koalition
3. Vision und Strategie
4. Kommunikation
5. Hindernisse
6. Kurzfristige Erfolge
7. Erfolge konsolidieren und ausbauen
8. Verankern

Am Beispiel der Einführung einer starken Passwortkultur wird deutlich, wie diese Schritte konkret aussehen:

Dringlichkeit erzeugen: Das Ziel des ersten Schritts ist es, das Problem möglichst fühlbar und real zu machen. Eine realistische Simulation zeigt der Geschäftsleitung, wie schnell schwache Passwörter geknackt werden können. Live in 30 s wird das Passwort „123456" des CEO-Testaccounts geknackt. In Kombination mit Statistiken wird die Problematik noch deutlicher: „73 % unserer Mitarbeitenden nutzen unsichere Passwörter wie diese." Weitere Instrumente:

- Realistische Simulationen, Serious Games, Workshops und Tabletop Exercises (TTXs)
- Statistiken zu Vorfällen und Phishing-Raten mit Storytelling kombinieren
- Verbindung zur nationalen Sicherheitsstrategie oder Governance-Vorschriften (ISO-Zertifizierung, Branchenübliche Zertifikate, NIST, usw.) aufzeigen

Koalitionen kreieren: Es wird ein Security Council etabliert, das aus dem CISO, dem HR-Leiter (wegen der Onboarding-Prozesse), dem IT-Leiter und einem Mitglied der Geschäftsleitung besteht. Gemeinsam entwickeln sie die neue Passwortstrategie. Der CEO wird als erster „Passwort-Champion“ positioniert.

- Security Council mit Vertretern aus Top-Management, IT, HR, Kommunikation, Risikomanagement
- Co-Kreation durch Management-Beteiligung in Videos, Events, Interviews
- Upskilling-Workshops für Führungskräfte, damit sie sich im Thema sicher fühlen

Vision und Strategie: Die Vision wird formuliert: „Bis Ende des Jahres sind wir das Unternehmen mit der sichersten Passwortkultur in unserer Branche.“

Die Strategie definiert klare Rollen, Aufgaben und Zuständigkeiten. Die Zielerreichung ist messbar und die Sicherheitsstrategie ist eng mit der Gesamtstrategie des Unternehmens gekoppelt.

Kommunikation: Der CEO hält eine Keynote über die neue Passwort-Strategie und demonstriert live seinen Passwort-Manager. Video-Statements zeigen, wie einfach starke Passwörter sind.

Zur Kommunikation können Instrumente wie Kampagnen und Vorträge in Kombination mit Storytelling nützlich sein.

Hindernisse: Die grössten Hürden sind Bequemlichkeit und Unwissenheit. Daher werden kostenlose Passwort-Manager für alle vorinstalliert, persönliche Einrichtungs-Workshops und eine Hotline für Fragen zur Verfügung gestellt. Führungskräfte erhalten zusätzliche Schulungen.

Strukturelle oder mentale Blockaden müssen abgebaut werden. Hierzu können die fünf Fragen aus dem Abschnitt „Schulungsformate und digitale Lernmethoden“ gestellt werden. Wenn Führungskräfte wissen, was, wie und wann sie etwas tun müssen, benötigen sie dann Anreize oder hindert sie noch etwas?

Kurzfristige Erfolge: Nach einem Monat zeigt das Reporting, dass bereits 60 % der Nutzer einen Passwort-Manager nutzen. Der „Passwort-Champion des Monats“ wird gekürt. Erfolge werden im Newsletter gefeiert.

Erfolge können anhand von monatlichem Reporting und Belohnungssystemen (Positive Verstärkung siehe auch Kap „Toolkit Positive Verstärkung und Belohnungen“) aufgezeigt werden.

Erfolge konsolidieren und ausbauen: Nach drei Monaten sind schon 80 % dabei. Nun wird das System um eine Zwei-Faktor-Authentifizierung erweitert. Zudem werden regelmässige „Passwort-Gesundheitschecks“ eingeführt.

Verankern: Nach sechs Monaten ist eine starke Passwort-Hygiene selbstverständlich geworden. Bei neuen Mitarbeitenden ist die Nutzung eines Passwort-Managers Teil des Standard-Onboardings. Die Führungskräfte sprechen regelmässig über Sicherheit und Passwörter sind dabei nur noch ein Baustein einer umfassenden Sicherheitskultur.

Die Sicherheitswerte gehen somit mit der Zeit in eine von oben herab gelebte Sicherheitskultur über.

6.3.4 Toolkit Psychologische Sicherheit und Fehlerkultur

Die Chefin fragt im Teammeeting: „Was meint ihr dazu?“ Betretenes Schweigen. Alle sehen ratlos aus. Keiner traut sich, etwas zu sagen. Denn niemand hat wirklich verstanden, worum es geht. Wenn wir das Gefühl haben, dass es „gefährlich“ ist, Fehler zuzugeben oder Fragen zu stellen, bleibt vieles verborgen. Psychologische Sicherheit ist hier entscheidend, denn sie sorgt dafür, dass sich Mitarbeitende trauen Probleme offen anzusprechen, ohne negative Konsequenzen fürchten zu müssen.

Der Begriff „psychologische Sicherheit“ wurde 1999 von der Harvard-Professorin Amy Edmondson geprägt. Der Ausdruck bezeichnet ein Arbeitsumfeld, in dem sich Menschen sicher genug fühlen, um zwischenmenschliche Risiken einzugehen. Sie fühlen sich dabei unterstützt, Fragen zu stellen, Bedenken zu äussern und Fehler offen anzusprechen, ohne Angst vor negativen Konsequenzen haben zu müssen.

Der „Be kind not nice“-Grundsatz

Edmondson betont, dass psychologische Sicherheit nicht bedeutet, dass man immer nett sein muss. Es bedeutet auch nicht, dass man dadurch als „weich“ gilt oder für alles, was man sagt, Applaus erhält. Es ist auch keine Erlaubnis, zu jammern oder sich gehen zu lassen. Vielmehr bedeutet es, ein Umfeld zu schaffen, in dem offen miteinander geredet wird, in dem Transparenz und Ehrlichkeit gelebt werden.

Um die psychologische Sicherheit in der Unternehmung zu ermitteln, könnten folgende Fragen hilfreich sein:

- Fühlen sich die Mitarbeitenden wohl dabei, ihre Sicherheitsbedenken und Meinungen im Team zu äussern?
- Können Mitarbeitende Sicherheitsfehler oder -vorfälle zugeben, ohne negative Konsequenzen befürchten zu müssen?

- Werden neue Sicherheitsideen und -vorschläge der Mitarbeitenden willkommen geheissen und ernst genommen?
- Fühlen sich die Mitarbeitenden von Kollegen und Vorgesetzten respektiert, wenn sie Sicherheitsfragen stellen oder Bedenken äussern?

Um eine Fehlerkultur zu fördern, sind folgende Grundsätze wichtig: Kritik einfordern („Was könnten wir besser machen?"), Lob geben, Kritik konstruktiv äussern und die Wirkung des Feedbacks beobachten, damit es wirklich ankommt und das Gegenüber sich unterstützt fühlt. Praktische Tools für die psychologische Sicherheit in der Security-Awareness sind der Tab. 6.2 zu entnehmen:

Wie man der Tab. 6.2 entnehmen kann, gehört die Bereitstellung klarer Ansprechpersonen und bekannter Meldewege im Unternehmen zu den praktischen Massnahmen zur Stärkung der psychologischen Sicherheit im Rahmen der Security-Awareness. Idealerweise gibt es vertraute Ansprechpartner, die wertungsfrei und sachlich auf Anliegen reagieren und ausdrücklich dazu ermutigen, weiterhin Fragen zu stellen. Geäusserte Bedenken und wiederkehrende Unklarheiten sollten ernst genommen werden, denn sie sind oft ein Anlass, Prozesse zu überdenken oder verständlicher zu gestalten. So wird das Signal gesendet, dass Feedback wertgeschätzt wird.

Zur weiteren Förderung der Beteiligung der Mitarbeitenden eignen sich Pilotprojekte mit neuen Sicherheitstools, an denen die Angestellten aktiv teilnehmen

Tab. 6.2 Tools für die psychologische Sicherheit

Bereich	Massnahme	Konkrete Umsetzung
Kommunikation	Klare Ansprechpersonen	• Bekannte Meldewege • Persönliche Ansprechpartner • Roadshows und Q&A-Sessions • Problematisches ansprechen statt ignorieren • Sprache der Zielgruppe sprechen
Partizipation	Miteinbezug	• Pilotprojekte mit neuen Tools und Feedback einfliessen lassen
Augenhöhe	Gleichberechtigung	• Auch Führung gibt Fehler zu • Keine Benachteiligung ist zu fürchten
Lernen	Lernchancen schaffen	• Storytelling bei Vorfällen • F*ck-Up-Nights, Fehlerreflektion • Phishing als Lernchance, keine Sanktionierung
Belohnung	Positive Verstärkung	• Meldungen belohnen • Feedback würdigen und Umsetzen

und ihr Feedback einbringen können. Um ein Gefühl der Augenhöhe zu etablieren, sollten auch Führungskräfte ohne Angst vor Nachteilen zugeben können, beispielsweise auf eine Phishing-Mail geklickt zu haben. So wird deutlich, dass alle im Unternehmen dazulernen und niemand ausgegrenzt wird. Lernchancen können zudem gefördert werden, indem lehrreiche Sicherheitsvorfälle in Form von an die Unternehmenskultur angepasstem Storytelling geteilt und Fehler etwa in Form von „F*-Up-Nights" offen reflektiert werden. Sanktionen nach einem Klick auf eine Phishing-Mail sollten vermieden werden. Stattdessen sollten diese Situationen als Gelegenheiten zum Lernen betrachtet werden.

Es ist auch hilfreich, positive Anreize zu schaffen und Mitarbeitende zu belohnen, wenn sie Vorfälle melden, Feedback geben oder auf Unsicherheiten in Prozessen aufmerksam machen. Problematisches Verhalten sollte respektvoll und lösungsorientiert angesprochen werden, anstatt es stillschweigend hinzunehmen. Zudem ist es wichtig, die Zielgruppe in ihrer Sprache und ihrem Stil anzusprechen, um die Akzeptanz zu steigern. Insgesamt sollten Fehler als etwas Normales angesehen werden. Dabei sollte die zentrale Frage lauten: „Was lernen wir daraus?", statt: „Wer war schuld?".

6.3.5 Toolkit Krisenkommunikation

Freitagmorgen, der 24. März 2023, 8:15 Uhr, Falkenstrasse in Zürich: Während die Journalisten der NZZ ahnungslos ihre Artikel schreiben und die Redaktionssysteme einwandfrei funktionieren, herrscht nur wenige Meter entfernt in der IT-Abteilung bereits der Ausnahmezustand. Der Krisenstab hat sich im „War Room" versammelt: CEO, Rechtsdienst, Kommunikationsabteilung und IT-Mitarbeiter. Bei der Kaffeemaschine stehen Cola-Flaschen und Gipfeli bereit. Die Stimmung ist angespannt, aber konzentriert. Allen ist klar: Es geht ums Ganze.

Die Ransomware-Gruppe „Play" hat über 200 IT-Systeme verschlüsselt. Während sich die Geschäftsleitung auf die technische Bewältigung konzentriert, ahnt noch niemand, dass die eigentliche Krise erst beginnt. Denn da draussen arbeiten Hunderte von Mitarbeitenden, die von alldem nichts wissen. Noch nicht.

Was passiert, wenn diese Mitarbeitenden plötzlich vor schwarzen Bildschirmen sitzen? Wenn die ersten von ihnen auf LinkedIn posten: „Scheint bei uns ein grösserer IT-Ausfall zu sein..."? Und was, wenn Wochen später 500 Gigabyte sensibler Personaldaten im Darknet landen? Inklusive privater Informationen, wie die Namen der Kinder und Adressen, aus dem Leben jedes einzelnen Angestellten?

Genau solche Szenarien zeigen, warum der Bund (2025) eine Krise als eine von Unsicherheit geprägte Situation definiert. Es besteht eine unmittelbare und schwerwiegende Gefahr für die betroffene Institution, die ausserordentliche Massnahmen erfordert. Eine Krise ist kein Notfall, kann aber daraus entstehen. Ein Notfall hat zwar ebenfalls schwerwiegende Folgen, ist aber abgrenzbar.

Security Awareness ist nur ein kleiner Teil des Krisenmanagements und der Krisenkommunikation. Zum Krisenmanagement gehören beispielsweise das Notfallmanagement für Sofortmassnahmen, das Risikomanagement für die frühzeitige Erkennung, das Krisenmanagement für die Koordination sowie das betriebliche Kontinuitätsmanagement (BCM). Die Aufgabe des BCM besteht darin, sicherzustellen, dass die „lebenswichtigen" Systeme und Prozesse im Krisenfall aufrechterhalten oder so schnell wie möglich wiederhergestellt werden können. Da beim Eintreten eines Katastrophenszenarios der Ausfall aller IT-Systeme nicht ausgeschlossen werden kann, werden Notfallszenarien in einem Krisenstab geübt. Der Bund hat beispielsweise einen Verhaltenskodex veröffentlicht, in dem die zuständigen Personen und Rollen, die Koordination und die Kommunikation der Ad-hoc-Gruppen im Notfall festgelegt sind (BK 2025).

In Unternehmen sollten Krisensituationen mindestens einmal pro Jahr geübt werden. Diese Übungen laufen im Regelfall jedoch nicht wie ein Feueralarm ab, bei dem alle Mitarbeitenden das Gebäude verlassen. Sondern mit einem eingeschränkten Teilnehmerkreis. Im Regelfall sind dies Mitglieder der Geschäftsleitung und die zuständigen IT- und Sicherheitsverantwortlichen.

Oft wird dabei die gesamte Belegschaft aussen vorgelassen. Im Krisenfall sitzen sie vor einem schwarzen Bildschirm, können niemanden kontaktieren und es entsteht Unruhe im Haus. Für diesen Moment ist es wichtig, dass das Security-Awareness-Programm auch dieses Szenario abdeckt und die Mitarbeitenden wissen, wie sie sich verhalten sollen. Ein sehr einfacher Leitfaden reicht hierfür aus.

Das NCSC (2020) hat dazu eine Checkliste für CISOs veröffentlicht. Darin steht bezüglich der internen Kommunikation jedoch nur wenig: Man sollte interne vor externe Personen informieren und einen Notfallplan vorbereiten. Im Folgenden finden Sie eine Checkliste zur Schulung und Vorbereitung der Mitarbeitenden auf den Ernstfall (angelehnt an: Glasl 2025):

Security Awareness Checkliste: Mitarbeitervorbereitung Krisenfall

☐ Zielgruppen definiert und segmentiert
☐ Vorbereitung Kommunikationskanäle
☐ HR: Liste private E-Mail-Adressen/Handynummern erstellt und aktualisiert
☐ Alternative Kommunikationskanäle getestet

Schulung Homeoffice-Mitarbeitende

- ☐ Helpdesk-Nummer privat abspeichern lassen
- ☐ Vorgesetzten-Nummer privat abspeichern lassen
- ☐ Eskalationsweg bei Telefonausfall kommuniziert

Schulung Büro-Mitarbeitende

- ☐ Verhalten bei IT-Ausfall im Büro geschult
- ☐ Sammelplätze kommuniziert
- ☐ Kommunikationswege ohne IT-Systeme definiert

Verhaltensregeln kommuniziert

- ☐ Social Media Stopp bis offizielle Kommunikation
- ☐ Medien-Kontaktverbot geschult
- ☐ „Ruhe bewahren & warten" Prinzip vermittelt

Informationskette etabliert

- ☐ Hierarchische Berichtswege definiert
- ☐ Check-in Intervalle festgelegt
- ☐ Verantwortlichkeiten zugewiesen

Testen und Nachbereitung

- ☐ Schulungsunterlagen erstellt
- ☐ Mitarbeitende informiert
- ☐ Jährliche Auffrischung geplant
- ☐ Kontaktlisten-Update Prozess etabliert

Zunächst sollten die relevanten Zielgruppen im Unternehmen klar definiert und segmentiert werden, damit die Kommunikation und Schulung passgenau erfolgen können. Mitarbeitende im Homeoffice sind bei IT-Ausfällen besonders isoliert. Es ist sinnvoll eine Schulung aller Mitarbeitenden durchzuführen, damit sie Eskalations- und Meldewege kennen, bei Ausfall aller üblich verfügbaren Kommunikationswege.

Büromitarbeitende werden im Umgang mit IT-Ausfällen am Arbeitsplatz geschult und erhalten Informationen zu Sammelplätzen und alternativen Kommunikationswegen wie schwarzen Brettern oder mobilen Lautsprechern, die nicht IT-gestützt sind.

Um Missverständnisse und Panik zu verhindern, sollten alle Mitarbeitenden über Verhaltensregeln wie einen Social-Media-Stopp bis zur offiziellen Kommunikation, ein Medienkontaktverbot sowie das Prinzip „Ruhe bewahren und warten“ informiert werden. Ein klares Posting-Verbot bis zur offiziellen Kommunikation verhindert Spekulationen sowie Reputationsschäden.

Regelmässige Check-ins sind psychologisch wichtig. Hierfür werden hierarchische Berichtswege definiert, regelmässige Check-in-Intervalle etabliert und Verantwortlichkeiten klar zugewiesen, damit Informationen jederzeit zuverlässig fliessen.

Krisen sind oft von starker Unsicherheit geprägt. Mitarbeitende können sich allein gelassen fühlen, und schnell entstehen Gerüchte. Speziell, wenn sie nichts zu tun haben. In einer Krisensituation kann dieser Aspekt leicht vernachlässigt werden. Es ist die Aufgabe der Security-Awareness-Verantwortlichen, dies im Vornherein durch Schulungen präventiv abzudecken. Die mentale Vorbereitung in Form von Schulungen ist ein wichtiger, aber oft vernachlässigter Teil des Krisenmanagements. Sie kann dabei helfen, das Vertrauen in die Geschäftsleitung zu bewahren und eine zusätzliche interne Krise der Unternehmung zu verhindern.

6.4 Abschluss

Wie in diesem Kapitel deutlich wird, ist Sicherheitskultur das Ergebnis eines Zusammenspiels verschiedener Faktoren. Sie ist nichts, das einfach verordnet werden kann und dann ab Tag X existiert. Eine Sicherheitskultur braucht wie eine Pflanze Zeit, Pflege und viel Geduld, denn sie entsteht nicht über Nacht.

Abschliessend lässt sich sagen, dass eine nachhaltige Sicherheitskultur auf mehreren Säulen ruht. Dazu gehören Engagement des Managements, eine offene Fehlerkultur, kontinuierliche Schulungen, positive Verstärkung sowie eine vertrauensvolle Kommunikation. Wesentlich ist auch, dass das Sicherheitsbewusstsein nicht als kurzfristige Massnahme, sondern als langfristiger kultureller Wandel verstanden wird, der alle Mitarbeitenden mitnimmt und motiviert. Dabei dürfen Fehler nicht als Schwäche, sondern als Lernchance betrachtet werden.

Literatur

Alshaikh M (2020) Developing cybersecurity culture to influence employee behavior: a practice perspective. Comput Secur 98:102003. https://doi.org/10.1016/j.cose.2020.102003

BK B (2025) Einbezug der Wissenschaft. https://www.bk.admin.ch/bk/de/home/regierungsunterstuetzung/Krisenmanagement/einbezug-wissenschaft.html

Blythe JM, Gray A, Collins E (2020) Human cyber risk management by security awareness professionals: carrots or sticks to drive behaviour change? In: Moallem A (Hrsg) HCI for cybersecurity, privacy and trust. Springer International Publishing, S 76–91. https://doi.org/10.1007/978-3-030-50309-3_6

By RT (2005) Organisational change management: a critical review. J Chang Manag 5(4):369–380. https://doi.org/10.1080/14697010500359250

Edmondson A (1999) Psychological safety and learning behavior in work teams. Adm Sci Q 44(2):350–383. https://doi.org/10.2307/2666999

Glasl, T. (2025). Leitfaden Krise. Strategie & Kommunikation. https://www.tinaglasl.de/leitfaden-krisenkommunikation/

VBS ED. für V., Bevölkerungsschutz und Sport. (2020) Cyberangriff– was tun? Informationen und Checklisten. https://www.ncsc.admin.ch/ncsc/de/home/infos-fuer/infos-behoerden/vorfall-was-nun/checkliste-ciso.html

Schein, E. H. (1985). Organizational Culture and Leadership. John Wiley & Sons.

Uchendu, B., Nurse, J. R. C., Bada, M., & Furnell, S. (2021). Developing a cyber security culture: Current practices and future needs. Computers & Security, 109, 102387. https://doi.org/10.1016/j.cose.2021.102387

Messbarkeit und Management-Reporting

7

7.1 Abstract

Mindestens einmal im Jahr haben Security-Awareness-Verantwortliche die Aufgabe, das Budget für ihre Tätigkeiten in der Unternehmung zu verteidigen oder erstmals zu erhalten. Zudem kann es schwierig sein, kulturelle Massnahmen, E-Learnings oder Branding-Tätigkeiten messbar zu machen. Somit ist es schwierig darzulegen, wie Security Awareness einer Unternehmung überhaupt nützlich sein kann. Dieses Kapitel thematisiert die Herausforderung, Security Awareness über vage Kennzahlen hinaus aussagekräftig zu messen und dem Management zu berichten. Es gibt einen Anstoss, wie dies gelingen kann. Angesichts der regen Debatte in der Sicherheitsbranche und der Vielfalt der Forschungsansätze erheben die vorgestellten Werkzeuge jedoch keinen Anspruch auf Vollständigkeit.

Im ersten Teil demonstriert Kriminalist Chris Eckert von der Business Protection AG anhand eines Praxiseinblicks, wie eine systematische Betriebsanalyse auch den Faktor Mensch berücksichtigen kann. Anstelle von geschönten Audit-Antworten setzt er auf analytische Befragungstechniken aus dem kriminalistischen Werkzeugkasten, die er mit einer Standortbegehung und Realitätsprüfung kombiniert.

Im weiteren Teil dieses Kapitels werden Instrumente aus den Bereichen Wissenschaft und Marketing vorgestellt. Dazu gehören die HAIS-Q-Befragung, geeignete KPIs für ein Dashboard sowie Marketing-Kennzahlen und ihre Anwendung im Awareness-Kontext.

J. Wick, *Security-Awareness-Tools*,
https://doi.org/10.1007/978-3-658-51112-8_7

Das Kapitel wird mit einem Argumentarium abgeschlossen, das als Vorbereitung gegen typische Einwände wie „Security Awareness ist Zeit- und Geldverschwendung“ oder „Unsere Experten brauchen keine Grundlagenschulungen“ genutzt werden kann. Abschliessend können mithilfe der Messung Awareness--Programme kontinuierlich verbessert werden.

7.2 Einführung

Es ist Montagmorgen, 9 Uhr. Marcus, der CISO eines Schweizer KMU, sitzt vor seinem Computer und starrt auf ein buntes Dashboard voller Zahlen: 87 % Schulungsteilnahme, 15 % Phishing-Klickrate, 342 gemeldete Vorfälle. Sein CEO ruft an: „Marcus, wie steht es um unser Sicherheitsbewusstsein?“ Er zögert. Die Zahlen sind da, aber was bedeuten sie wirklich? Messen sie das Richtige? Und vor allem: Helfen sie dabei, das Unternehmen sicherer zu machen?

Diese Szene spielt sich täglich in Unternehmen ab. Die Frage ist nicht, ob wir messen können, sondern was wir messen sollten und warum.

Es gibt verschiedene Ressourcen und Ansätze zur Messung der Security Awareness. Die erste Frage, die sich Verantwortliche stellen sollten, ist, was sie überhaupt messen möchten und zu welchem Zweck. Möchten wir dem Management lediglich den aktuellen Stand zeigen? Oder möchten wir das tatsächliche Sicherheitsbewusstsein messen? Oder möchten wir die Wirksamkeit unserer Kampagnen messen, um uns zu verbessern? Oder möchten wir das Sicherheitsverhalten anhand von Zahlen verdeutlichen, um darauf aufbauend verhaltensbasierte Security-Awareness zu betreiben?

In diesem Kapitel werden die gängigen Messarten vorgestellt, die aktuell erfolgreich im Bereich der Security Awareness eingesetzt werden. Sie erfahren, welche Methode sich für welchen Zweck eignet und wie sich diese praktisch umsetzen lässt. Ein Praxiseinblick mit dem Sicherheitsexperten Chris Eckert zeigt die Umsetzung im Rahmen einer systematischen Betriebsanalyse. Zudem werden marketingbasierte Ansätze präsentiert, die dabei helfen, Kennzahlen auf verständliche und wirkungsvolle Weise an das Management zu kommunizieren.

Das Kapitel gibt einen Anstoss, wie dies gelingen kann, wobei die vorgestellten Werkzeuge angesichts der regen Debatte in der Sicherheitsbranche und der Vielfalt der Forschungsansätze keinen Anspruch auf Vollständigkeit erheben.

7.3 Praxiseinblick: Messen der Security Awareness mit Chris Eckert

Für diesen Teil konnte eine besondere Praxiseinsicht gewonnen werden. Dazu wurde ein Experteninterview mit Chris Eckert, dem Gründer der Swiss Business Protection AG und Kriminalisten, durchgeführt. Dank seines kriminalpolizeilichen Hintergrunds und seiner unternehmerischen Erfahrung konnte er eine Methodik entwickeln, die Sicherheit praxisnäher misst als Audits. Das Ziel dabei ist, einen tatsächlichen Stand und eine Einschätzung der Sicherheit zu erreichen, ohne dass diese schöngeredet werden kann. Zudem wird durch die Anwendung dieser Methodik selbst eine gewisse Sensibilisierung des Managements erreicht.

Die Methodik: Befragung vor Ort und Begehung

Ein konkreter Fall verdeutlicht den Mehrwert systematischer Messungen. In einem Unternehmen kam es zu einem internen Diebstahl. Die Staatsanwaltschaft wurde eingeschaltet, ermittelte und der Fall wurde strafrechtlich verfolgt. Doch dem CEO war das nicht genug. Er erkannte, dass die strafrechtliche Aufarbeitung nicht dabei hilft, ähnliche Fälle in Zukunft zu vermeiden. Was ihm fehlte, war eine systematische Analyse der zugrunde liegenden Sicherheitslücken. Mithilfe der Bewertung konnten präventive Massnahmen entwickelt werden, die über den konkreten Fall hinausgehen.

Das Vorgehen sieht zunächst mehrere Interviews mit Verantwortlichen vor Ort vor. Es ist vergleichbar mit einem Audit-Gespräch, bei dem ein Fragebogen in drei Teilen bearbeitet wird.

Die gesamte Sicherheit wird in drei Kategorien, wie in Abb. 7.1 gezeigt bewertet: Infrastruktur (physische und technische Sicherheit), Mensch und Organisation (Prozesse, Schulungen, Sicherheitskultur) sowie Information (Datenschutz und Cybersicherheit)

Im Gegensatz zu einem Audit fliessen hier analytische, fachliche und taktische Befragungstechniken ein. Dies ist jedoch nicht mit einem polizeilichen Verhör vergleichbar, sondern erfolgt auf professioneller und verständnisvoller Basis: „Wir fragen freundlich aber gnadenlos nach und merken schnell, wenn die Antworten oberflächlich ausfallen“, erklärt Chris. Diese Herangehensweise stammt aus seiner Zeit bei der Polizei und deckt Diskrepanzen zwischen theoretischer Wahrnehmung und effektiver Realität auf.

Er nennt ein typisches Beispiel aus der Praxis: Oft hört er Behauptungen wie „Wir machen sehr viel für die Sicherheit und Aufklärung der Mitarbeiter.“ Die Realität sieht dann jedoch oft so aus, dass das letzte allgemeine E-Learning drei

Abb. 7.1 Die Betriebsanalyse und ihre drei Pfeiler: Infrastruktur, Mensch & Organisation, Information

Jahre zurückliegt. Besonders aufschlussreich sind zudem separate Befragungen verschiedener Hierarchieebenen. Ein neuer CIO berichtete nach einem solchen Interview: „Schauen Sie, vorher konnte ich nicht so gut sprechen, weil der CEO dabei war. Ich habe bei meinem Amtsantritt 115 Admin-Rechte angetroffen, niemand hat den Durchblick."

Nach der Befragung folgt eine Begehung des Standorts, bei der die gemachten Angaben überprüft werden. Diese werden mit der Realität abgeglichen. Haben wirklich nur die elf angegebenen Personen Zutritt zum Serverraum oder steht die Tür allen offen? Sind die Notausgänge blockiert? Funktioniert das Badge-System und sind die Mitarbeiter wie angegeben geschult?

„Das beeinflusst dann das Bewusstsein sehr stark, vor Augen geführt zu erhalten, wo sie nur schon bei der physischen Sicherheit verletzbar sind", berichtet Chris. Diese praktische Konfrontation mit Sicherheitslücken ist nachhaltiger als jede theoretische Schulung.

Der Bericht und sein Inhalt

Chris erwähnt, dass Sicherheitsthemen zwar häufig als „Chefsache" betrachtet werden, aber nicht systematisch in der Organisation verankert sind. Der finale Bericht folgt einer klaren Struktur, zeigt sämtliche erhobenen Befunde mit einer faktenbasierten Einstufung auf und enthält praktische, konkrete und umsetzbare Massnahmen. Der Bericht beinhaltet fünf Punkte:

- Ausgangslage/Auftrag
- Auftragsumsetzung und methodisches Vorgehen
- Resultate/Erkenntnisse: Detaillierte Analyse nach den drei Bereichen
- Empfehlungen und Massnahmen
- Langfristige Sicherheitsstrategie

Zu Demonstrationszwecken werden hier typische Befunde eines solchen anonymisierten Berichts zum Thema „Mensch und Organisation“ gezeigt.

- Positive Erkenntnisse: Sicherheit wird als wichtiges Thema anerkannt
- Kritische Punkte: Keine systematische Verankerung in der Organisation, stark personenbezogene Sicherheitskultur
- Handlungsbedarf: Strukturierung und Zuteilung der Sicherheitsthemen

Die farbkodierte Darstellung der Sicherheitslage ist zudem aufgrund ihrer Einfachheit wirkungsvoll. Die Gesamteinstufung sowie drei Themendarstellungen werden in Form einer Tachometeranzeige gemäss Abb. 7.2 visualisiert.

Total

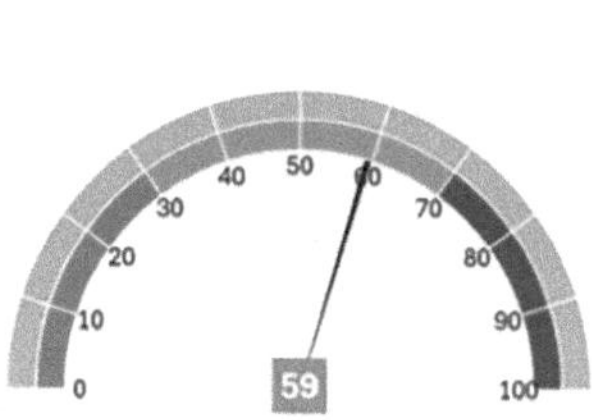

Infrastruktur

61

Mensch & Organisation

36

Information

81

Abb. 7.2 Die Tachometeranzeige macht die Berichtsergebnisse leicht erfassbar

Die Tachometer können den aktuellen Stand von rot (kritisch) über gelb (verbesserungsbedürftig) bis grün (gut) anzeigen. Diese einfache Darstellung macht den aktuellen Stand auf einen Blick erfassbar und schafft bewusstsein für Handlungsbedarf.

In Kombination mit kriminalistischer Erfahrung kann diese praxisorientierte Herangehensweise eine Grundlage für die Messung der effektiven Security Awareness schaffen. So wird ein ehrliches Bild davon geschaffen, was verbessert werden muss, ohne geschönte Aussagen und Zahlen.

7.4 Toolkit Messmethoden

„Nur was gemessen wird, kann auch gemanagt werden." Dieser bekannte Managementgrundsatz gilt auch für das Sicherheitsbewusstsein. Im Gegensatz zu klassischen Geschäftskennzahlen steht bei der Messung des Sicherheitsbewusstseins jedoch eine besondere Herausforderung im Mittelpunkt: Menschliches Verhalten ist komplex und vielschichtig.

Security Awareness umfasst mehr als nur Wissen über Phishing-Mails oder starke Passwörter. Es umfasst drei miteinander verbundene Dimensionen: Wissen („Was weiss ich über Sicherheitsrisiken?"), Einstellung („Wie wichtig finde ich Sicherheit?") und Verhalten („Wie handle ich tatsächlich im Arbeitsalltag?"). Nur wenn alle drei Dimensionen positiv ausgeprägt sind, entsteht echtes Sicherheitsbewusstsein.

Entsprechend vielfältig sind die Messmethoden: von klassischen Wissenstests über umfassende Befragungen bis hin zu technischen Verhaltensmessungen. Jede Methode hat ihre Stärken und Grenzen, eignet sich für unterschiedliche Ziele und liefert andere Erkenntnisse.

In den folgenden Abschnitten lernen Sie die wichtigsten Messmethoden kennen und erfahren, wann und wie Sie diese optimal einsetzen.

Überblick über Messmethoden und deren Anwendungsbereiche

Welche Messmethode die richtige ist, hängt davon ab, was Sie herausfinden möchten. Grundsätzlich stehen drei Arten zur Verfügung:

1. Befragungen (Fragebögen, HAIS-Q)

   Mithilfe von Fragebögen und Umfragen lässt sich ermitteln, was Mitarbeitende wissen, wie sie denken und wie sie sich verhalten. Sie eignen sich besonders für Vorher-Nachher-Vergleiche. Die HAIS-Q-Befragung ist ein wissenschaftlich validiertes Instrument, das detaillierte Analysen und Vergleiche mit anderen Organisationen ermöglicht.

2. Verhaltensmessungen (Phishing, Metriken, Angriffssimulation)

   Das tatsächliche Handeln der Mitarbeitenden wird durch Verhaltensmessungen erfasst. Phishing-Simulationen zeigen beispielsweise, wer auf verdächtige E-Mails klickt und wer sie meldet. Technische Metriken erfassen automatisch das Sicherheitsverhalten, beispielsweise gesperrte Bildschirme oder Passwortänderungen. Mit Social-Engineering-Tests wird das Verhalten in realistischen Angriffssituationen geprüft.
3. Wissensmessungen (Tests, Quizzes, Rundgang-Beobachtung)

   Quizzes eignen sich dazu, den Wissensstand nach Schulungen schnell zu prüfen. Durch Rundgänge können direkt am Arbeitsplatz Beobachtungen gemacht werden, die zeigen, wie sich Mitarbeitende verhalten.

   Um ein vollständiges Bild zu erhalten, empfiehlt sich die Kombination verschiedener Methoden. Starten Sie mit einer umfassenden Befragung wie dem HAIS-Q als jährliche Grunderhebung. Ergänzen Sie diese durch regelmässige Phishing-Simulationen und Tests nach Schulungen. Technische Metriken können kontinuierlich erfasst werden. Bei spezifischen Fragestellungen setzen Sie weitere Methoden wie Social-Engineering-Angriffssimulationen gezielt ein. So erhalten Sie sowohl den nötigen Überblick als auch konkrete Details für gezielte Verbesserungen.

In den folgenden Abschnitten werden die einzelnen Methoden detailliert vorgestellt, damit Sie die für Ihre Organisation optimale Kombination finden können.

7.4.1 HAIS-Q Befragungen: Wissen, Einstellung und Verhalten messen

Marcus, der als CISO verantwortlich ist für das Awareness-Programm stand vor einem Problem: Nach einem Jahr intensiver Security-Awareness-Schulungen wollte die Geschäftsleitung wissen, ob sich die Investition gelohnt hatte. Zwar zeigten die Phishing-Simulationen weniger Klicks, aber war das wirklich ein Erfolg des Programms oder nur Zufall? Was war ausserdem mit den Bereichen, die nicht durch Simulationen erfasst wurden, wie dem Umgang mit USB-Sticks oder der Passwortverwaltung zu Hause?

Marcus entschied sich für eine HAIS-Q-Befragung. Die Ergebnisse überraschten ihn: Zwar war das Wissen über Phishing stark gestiegen, doch viele Mitarbeitende standen Sicherheitsmassnahmen nach wie vor skeptisch gegenüber („Das bremst nur meine Arbeit"). Beim Verhalten zeigte sich ein gemischtes Bild: Phishing wurde besser erkannt, bei der Passwortverwaltung gab es jedoch kaum

Tab. 7.1 Beispiel eines HAIS-Q Items und den drei Dimensionen Wissen, Einstellung, Verhalten

Passwortverwaltung	Wissen	Einstellung	Verhalten
Verwendung desselben Passworts	Es ist akzeptabel, meine Passwörter für soziale Medien auch für meine Arbeitskonten zu verwenden.	Es ist sicher, dasselbe Passwort für soziale Medien und Arbeitskonten zu verwenden.	Ich verwende unterschiedliche Passwörter für meine Konten in sozialen Medien und für meine Arbeit.

Verbesserungen. Diese differenzierten Erkenntnisse halfen Marcus, sein Programm gezielt anzupassen: weniger Fokus auf Phishing, dafür mehr Arbeit an Einstellungen und praktische Passwort-Tools.

Genau für solche Situationen wurde das HAIS-Q entwickelt: als wissenschaftlich fundiertes Instrument, das über oberflächliche Messungen hinausgeht und die Komplexität menschlichen Sicherheitsverhaltens erfasst.

Mithilfe des HAIS-Q werden anhand von 63 Befragungspunkten das Wissen, die Einstellung und das Verhalten der Befragten erfasst. Themen umfassen Informationssicherheitsbereichen wie Passwortmanagement, E-Mail-nutzung, Internetnutzung, Nutzung mobiler Geräte, Datenschutz usw. (Parsons et al. 2017). Folgend als Tab. 7.1 ein Beispiel, wie die drei Dimensionen Wissen, Einstellung und Verhalten abgefragt werden:

Alle drei Dimensionen werden abgefragt, da das reine Abfragen von Wissen nicht aussagt, ob jemand die richtigen Einstellungen hat oder sein Verhalten entsprechend umsetzt. Nur das Verhalten zu erfassen, kann Hintergründe und Motivationen verbergen. Und nur Einstellungen zu erfassen, reicht oft nicht für konkrete Massnahmen aus.

Mithilfe dieser Methode lässt sich der Erfolg von Awareness-Programmen messen, Massnahmen überprüfen und Veränderungen nach Sicherheitsvorfällen bewerten.

Vorteile: Skalierbarkeit und Vergleichbarkeit mit anderen Organisationen. Die Durchführung ist praktisch und kann online erfolgen.

Nachteile: Mitarbeitende neigen möglicherweise dazu, sozial erwünschte Antworten zu geben, statt ehrliche Einschätzungen abzugeben. Zudem sind nicht alle Fragen für jedes Unternehmen gleich relevant und müssen gegebenenfalls angepasst werden.

Dennoch ist das HAIS-Q wertvoll, denn es ist die einzige wissenschaftlich fundierte Methode, mit der sich Wissen, Einstellung und Verhalten gleichzeitig messen lassen. Dadurch können Sie fundierte Entscheidungen für Ihre Awareness-Programme treffen.

7.4.2 Technische Verhaltens-Metriken und ihre Grenzen

Sechs Monate nach der Befragung wollte Marcus den nächsten Schritt gehen. Die Umfrage hatte zwar wertvolle Erkenntnisse geliefert, doch er suchte nach einer Möglichkeit, das tatsächliche Verhalten seiner Mitarbeitenden kontinuierlich und objektiv zu messen, ohne ständig nachfragen zu müssen. „Sagen die Leute in Umfragen wirklich die Wahrheit über ihr Verhalten?“, fragte er sich. „Und wie kann ich erkennen, ob sich das Verhalten langfristig ändert?“

Die IT-Abteilung schlug vor, technische Metriken zu nutzen. Ein System könnte beispielsweise automatisch erfassen, wie oft Bildschirme gesperrt werden, wie häufig Passwörter geändert werden oder wie viele verdächtige E-Mails gemeldet werden. Marcus war fasziniert von der Idee. Endlich gäbe es objektive, kontinuierliche Daten über echtes Sicherheitsverhalten, ohne den Aufwand wiederholter Befragungen.

Doch als er das Projekt seinen Mitarbeitenden vorstellte, wurde er mit kritischen Fragen konfrontiert: „Werden wir jetzt überwacht?“ „Was passiert mit unseren Daten?“ „Werde ich bestraft, wenn ich mal vergesse, den Bildschirm zu sperren?“ Marcus wurde bewusst, dass technische Metriken zum Verhalten zwar wertvolle Erkenntnisse liefern können, gleichzeitig jedoch sensible Fragen zu Datenschutz, Vertrauen und Arbeitskultur aufwerfen.

Technische Metriken auswerten und Datenschutz

Der Ansatz von Janik, Weber et al. (2018) zur automatisierten Messung informationssicheren Verhaltens basiert darauf, das sicherheitsrelevante Verhalten von Beschäftigten an ihren stationären Arbeitscomputern technisch und datenschutzkonform zu erfassen und auszuwerten. Als Beispiel wird das Aufzeichnen von Systemereignissen wie „SessionLock“ genannt, um die erfolgreiche Sperrung der Bildschirme pro Tag zu messen. Die Messung soll vor und nach den Awareness-Massnahmen erfolgen, um deren Effektivität zu beurteilen.

Hier einige mögliche Beispiele solcher Metriken:

- Häufigkeit Nutzung/Öffnung/Speicherung Passwortmanager
- Screenlocking
- Melden verdächtiger E-Mails
- Anzahl verschlüsselter E-Mails
- Anzahl klassifizierter E-Mails
- Anzahl versandter Anhänge/Links
- Zeit ab Aufforderung bis zum Ausführen der Updates

- Anzahl Aufruf-Versuche auf gesperrten Webseiten
- Anzahl E-Mail Versand an private Mail-Adressen
- Logins ausserhalb der gewöhnlichen Zeit
- Downloadverhalten/Dateitypen
- Druckverhalten
- Freigabe Dokumente an Externe
- Badge-Nutzung auswerten
- Teilnahme Events
- Abschlussrate Schulungen
- Testergebnisse Quizzes
- Freiwilliges Engagement

Tipp: Für mehr solcher messbarer Verhaltensindikatoren kann die SEBDB von CybSafe herangezogen werden.

Für sicherheitsrelevantes Verhalten werden messbare Kennzahlen (z. B. gemeldete Phishing-Mails, Passwortänderungen) definiert und in Dashboards visualisiert. Was als „sicheres Verhalten" gilt, definiert das Unternehmen selbst. Dabei ist wichtig, dass die Messung transparent und DSGVO-konform ist.

Achtung vor dem Hawthorne-Effekt: Die Überwachung wirkt besser als die Massnahmen selbst

Zuletzt könnten Mitarbeitende dem sogenannten „Hawthorne-Effekt" erliegen. Dieser Effekt beschreibt ein Phänomen, das ursprünglich bei Studien in den Hawthorne-Werken in den USA beobachtet wurde. Eigentlich wollte man untersuchen, wie sich unterschiedliche Arbeitsbedingungen, etwa die Helligkeit der Beleuchtung, auf die Produktivität auswirken. Überraschenderweise zeigte sich jedoch, dass die Beschäftigten immer dann produktiver wurden, wenn sie an einer Untersuchung teilnahmen, unabhängig davon, wie die Beleuchtung tatsächlich war.

Der Grund für die Leistungssteigerung war also nicht das veränderte Licht, sondern die Tatsache, dass den Mitarbeitenden bewusst wurde, dass besonders auf sie geachtet und ihr Verhalten beobachtet wurde. Dieses Gefühl, im Mittelpunkt der Aufmerksamkeit zu stehen, führt oft dazu, dass sich Menschen mehr anstrengen, besser arbeiten oder sich anders verhalten als sonst einfach weil sie wissen, dass jemand zuschaut oder ihre Arbeit bewertet (Janik et al. 2018).

Dieser Ansatz wird noch wenig genutzt und kann beispielsweise durch verhaltensbasierte Nudges direkt am Computer erweitert werden. Wichtig ist jedoch, dass die Messung transparent ist. Das kann jedoch dazu führen, dass sich Mitarbeitende überwacht fühlen. Zudem lassen sich viele Messzahlen ethisch und aus Datenschutzgründen kaum rechtfertigen.

7.4.3 Wissenstests und Quizzes

Marcus sucht nach einer pragmatischen Alltagslösung das Wissen abzufragen. „Ich brauche etwas Einfaches, das ich regelmässig einsetzen kann", dachte er. „Etwas, das mir schnell zeigt, ob meine Schulungen ankommen, ohne dass ich monatelang auf Umfrageergebnisse warten muss."

Seine Lösung waren kurze Wissenstests, die er direkt nach den E-Learning-Modulen durchführte. Nach dem Phishing-Training gab es fünf Fragen zu verdächtigen E-Mails und nach dem Passwort-Modul wurden die Teilnehmenden zu sicheren Passwörtern befragt. Die Tests dauerten nur wenige Minuten, lieferten aber sofort Feedback: Wo hatten die Mitarbeitenden Wissenslücken? Welche Schulungsinhalte kamen nicht an?

Das Wissen über Sicherheit kann gut in Quizzen abgefragt werden. Diese sind flexibel und können an das jährliche E-Learning angehängt oder persönlich aufgeschaltet werden, wobei eine obligatorische Teilnahme erforderlich ist. Vorteile solcher Post-E-Learning-Tests sind, dass sie skalierbar, vergleichbar und einfach umzusetzen sind. Ein Nachteil ist jedoch, dass der Wissenstest keine Auskunft über die Langzeiteffekte des Wissens und die Einstellung gibt (Assenza et al. 2020).

7.5 Toolkit Dashboard KPI für Security Awareness Programme

Marcus hatte inzwischen verschiedene Messmethoden kennengelernt und erste Erfahrungen gesammelt. Beim monatlichen Management-Meeting kam jedoch die unvermeidliche Frage: „Marcus, zeige uns doch mal konkrete Zahlen. Wie erfolgreich ist unser Awareness-Programm?" Er öffnete seine Präsentation und stellte fest, dass er zwar viele Daten hatte, sich aber die Frage stellte, welche Kennzahlen wirklich überzeugend auf die Geschäftsleitung wirken würden.

1. **Nutzungs- und Reichweiten-KPIs**

   Marcus hatte zwar gelernt, dass Verhaltensänderungen das ultimative Ziel waren, aber er erkannte auch: „Wenn meine Awareness-Inhalte niemand sieht oder nutzt, kann ich auch keine Verhaltensänderungen erwarten." Also begann er, systematisch zu messen. Wie viele Mitarbeitende absolvierten die E-Learnings tatsächlich? Wie lange blieben sie dabei?
2. **E-Learning-Abschlussraten und Teilnahmedauer**

   Die Abschlussrate gibt an, welcher Anteil der Mitarbeitenden obligatorische oder freiwillige E-Learning-Module erfolgreich beendet. Die durchschnittliche

Bearbeitungszeit liefert ergänzend Hinweise auf die Qualität der Teilnahme: Zu kurze Zeiten deuten auf oberflächliches „durchklicken“ hin, während überdurchschnittlich lange Bearbeitungszeiten auf Verständnisprobleme hinweisen können.

3. **Event- und Trainingsteilnahmen**
   Bei Präsenzveranstaltungen, Webinaren und freiwilligen Security-Events sind sowohl die absolute Teilnehmerzahl als auch die Teilnahmequote relevant. Zusätzliche Metriken wie Nichterscheinungs-Raten und Feedback zur Veranstaltungsqualität helfen bei der Optimierung zukünftiger Events.
4. **Intranet- und Social-Media-Interaktionen**
   Digitale Kanäle bieten detaillierte Nutzungsstatistiken: Seitenaufrufe von Security-Inhalten, Verweildauer, Downloads von Dokumenten sowie Interaktionen wie Likes oder Kommentare. Diese Daten zeigen, welche Inhalte Anklang finden und welche Formate die höchste Aufmerksamkeit erzielen.
5. **Newsletter-Abonnenten Öffnungsraten und Klicks**
   Die E-Mail-basierte Kommunikation lässt sich präzise messen: Die Öffnungsraten zeigen das grundsätzliche Interesse und die Klickraten auf Links die tatsächliche Engagement-Tiefe. Durch die Analyse nach Betreffzeilen und Inhaltstypen lässt sich die Kommunikationsstrategie optimieren.
6. **Downloads von freiwilligen Materialien**
   Die Nutzung optionaler Ressourcen wie Leitfäden, Checklisten oder Tools ist ein Indikator für intrinsische Motivation und zeigt, welche Mitarbeitenden sich proaktiv mit Security-Themen beschäftigen.
7. **Reichweite verschiedener Kommunikationskanäle**
   Ein Vergleich der Reichweiten verschiedener Kanäle (E-Mail, Intranet, physische Displays, Teams/Slack) hilft dabei, die Ressourcen auf die effektivsten Kommunikationswege zu konzentrieren.

   Nutzungs- und Reichweiten-KPIs zeigen, ob Ihre Botschaften die Zielgruppe überhaupt erreichen. Sie liefern nicht nur quantitative Daten über die Verbreitung Ihrer Inhalte, sondern auch wertvolle Erkenntnisse darüber, welche Formate und Kanäle bei Ihren Mitarbeitenden am besten ankommen.

Wahrnehmungs- und Feedback-KPIs

Nach sechs Monaten systematischer Messung hatte Marcus umfassende Daten zur Nutzung und zum Verhalten gesammelt. Doch eine wichtige Frage blieb offen: „Wie nehmen meine Mitarbeitenden das Awareness-Programm wahr?“ Er brauchte also KPIs, die ihm zeigten, wie das Programm emotional und kulturell bei den Menschen ankam.

1. **Zufriedenheit mit Schulungen und Formaten**

Die direkte Bewertung von Schulungen, E-Learnings und Events durch die Teilnehmenden liefert wichtige Erkenntnisse über die Qualität und Akzeptanz der Inhalte. Standardisierte Bewertungsskalen (z. B. 1–5 Sterne) ermöglichen Vergleiche zwischen verschiedenen Formaten und Zeiträumen. Besonders wertvoll sind Fragen zur Praxisrelevanz („Kann ich das Gelernte im Arbeitsalltag anwenden?") und zur Verständlichkeit der Inhalte.

2. **Freiwillige Anfragen und Verbesserungsvorschläge**

Die Anzahl proaktiver Rückmeldungen, Fragen zur Security-Policy oder Verbesserungsvorschläge ist ein starker Indikator für echtes Engagement. Mitarbeitende, die sich freiwillig melden, zeigen intrinsische Motivation und können als Multiplikatoren für die Sicherheitskultur wirken.

3. **Policy-Verständnis und wahrgenommene Relevanz**

Regelmässige Umfragen zum Verständnis von Sicherheitsrichtlinien und deren wahrgenommener Relevanz decken Kommunikationslücken auf. Fragen wie „Verstehen Sie, warum diese Regel wichtig ist?" oder „Finden Sie die Sicherheitsmassnahmen angemessen?" zeigen, ob die Botschaften richtig ankommen.

4. **Einstellungen gegenüber Sicherheitsmassnahmen**

Die grundsätzliche Haltung der Mitarbeitenden zur Cybersicherheit beeinflusst alle anderen Metriken. KPIs wie „Ich sehe mich als wichtigen Teil der Unternehmenssicherheit" oder „Sicherheitsmassnahmen behindern meine Produktivität" messen die kulturelle Verankerung des Sicherheitsbewusstseins.

Wahrnehmungs- und Feedback-KPIs sind der Schlüssel zum nachhaltigen Erfolg, da sie zeigen, ob Ihr Awareness-Programm nicht nur funktional wirkt, sondern auch emotional und kulturell verankert ist.

Zielgruppenspezifische Auswertungen

Marcus glaubte, endlich den Durchblick zu haben. Seine KPIs zeigten eine durchschnittliche Phishing-Klickrate von 12 %, ein mittelmässiger Wert. Doch als er die Daten genauer analysierte, entdeckte er dramatische Unterschiede. Während die IT-Abteilung nur eine Klickrate von 3 % hatte, lag die Buchhaltung bei 28 %. Die

Mitarbeitenden im Aussendienst im Homeoffice zeigten andere Muster als die Teams im Büro. „Mein Durchschnitt verschleiert die wahren Problembereiche", realisierte Marcus.

Diese Erkenntnisse halfen sein Awareness-Programm zu verbessern und führten von einem „One-Size-Fits-All"-Ansatz zu zielgruppenspezifischen Massnahmen.

Viele der genannten KPIs lassen sich zielgruppenbezogen auswerten. So ist es beispielsweise möglich, sie nach Abteilung, Standort, Rolle, IT-Kompetenz oder Stresslevel zu unterscheiden. Welche Zielgruppen es geben kann, erfahren Sie in Kap. 1 „Zielgruppen und Personas".

Viele der genannten KPIs lassen sich zielgruppenbezogen auswerten. Beispielsweise können sie nach Abteilung, Standort, Rolle, IT-Kompetenz oder Stresslevel unterschieden werden.

- Auswertung pro Rolle oder Risikoprofil
- Vergleich von Remote vs. Onsite
- Segmentierung nach Awareness-Level

Zielgruppenspezifische Auswertungen verwandeln pauschale Durchschnittswerte in umsetzbare Erkenntnisse.

7.6 Toolkit Wirtschaftliche Bewertung

Nach einem Jahr intensiver Arbeit hatte Marcus ein umfassendes KPI-Dashboard entwickelt. Die Verhaltens-Metriken zeigten Verbesserungen, die Nutzungszahlen waren hoch und das Feedback positiv. Doch dann kam der Tag der Wahrheit: die jährliche Budgetpräsentation vor der Geschäftsleitung. Der CEO blickte auf die bunten Diagramme und fragte direkt: „Marcus, das sieht alles sehr schön aus. Aber was bringt uns das konkret? Rechtfertigen diese 50.000 Franken wirklich die Investition?"

Das Management dachte in Franken und Geld, in Return on Investment und Amortisationszeiten. „Ich brauche eine Sprache, die das Management versteht", realisierte er. „Ich muss zeigen können, dass Security Awareness nicht nur ein Kostenfaktor ist, sondern eine rentable Investition in die Zukunft des Unternehmens."

Datengrundlage und Kostenerfassung

Eine solide wirtschaftliche Bewertung des Awareness-Programms setzt eine systematische Erfassung aller relevanten Daten voraus. Ohne diese Grundlage bleiben selbst die besten KPIs reine Theorie. Um aussagekräftige wirtschaftliche KPIs zu erhalten, können sechs zentrale Datenquellen herangezogen werden.

1. **Kosten des Awareness-Programms pro Jahr**
   Erfassen Sie alle direkten und indirekten Kosten, beispielsweise für Schulungen, E-Learning-Plattformen, interne und externe Referenten, Kampagnenmaterial, Give-aways, Software-Lizenzen für Phishing-Simulationen sowie den zeitlichen Aufwand interner Mitarbeitender (Stundensätze × aufgewendete Zeit).
2. **Anzahl der zu schulenden Mitarbeitenden**
   Die Gesamtzahl aller Mitarbeitenden, die am Programm teilnehmen sollen, ist die Grundlage für Pro-Kopf-Berechnungen und Skaleneffekte.
3. **Umsatz des Unternehmens**
   Der jährliche Umsatz dient als Referenzgrösse für die Berechnung der Ausfallkosten und ermöglicht die Einordnung der Investitionen in das Awareness-Programm in den Gesamtkontext.
4. **Betriebsausfallkosten pro Tag**
   Diese lassen sich entweder aus konkreten BCM-Berechnungen und Business Impact Analysen (BIA) ableiten oder schätzen. Eine Faustregel sind etwa 7 % des Tagesumsatzes plus Fixkosten zwischen 90.000 und 600.000 CHF je nach Unternehmensgrösse.
5. **Reduktionsfaktor des Awareness-Programms**
   Dieser zentrale Wert gibt an, um wie viel Prozent das Awareness-Programm das Risiko von Sicherheitsvorfällen reduziert. Typische Werte liegen zwischen 50 % und 85 %, basierend auf Vorher-Nachher-Vergleichen von Phishing-Simulationen oder Incident-Zahlen.
6. **Qualitative Leistungskennzahlen**
   Ergänzende Daten aus Umfragen (Zufriedenheit, Wissensstand) und Verhaltensmetriken (Phishing-Ergebnisse, Melderaten) unterstützen die quantitative Bewertung und machen sie glaubwürdiger.

   Die systematische Datenerfassung mag anfangs aufwendig erscheinen, sie bildet jedoch das Fundament für alle weiteren wirtschaftlichen Bewertungen und ermöglicht es, das Awareness-Programm auf einer Ebene mit anderen Geschäftsinvestitionen zu diskutieren.

Berechnung wirtschaftlicher KPIs (CAC, LTV, ROIC)

Mit den gesammelten Daten in der Hand sah sich Marcus der nächsten Herausforderung gegenüber: Wie konnte er Security-Awareness-Metriken in Kennzahlen verwandeln, die das Management sofort verstand? Die Lösung fand er in bewährten betriebswirtschaftlichen Konzepten. „Wenn Marketing den Wert seiner Kampagnen mit Customer Acquisition Cost und Lifetime Value beweist“, dachte er, „warum kann ich das nicht auch mit meinen Mitarbeitenden machen?“

Um die Sprache des Managements zu sprechen, können Marketing-Kennzahlen von Nutzen sein. (Hubspot.de 2023, Rohan et al. 2023, IBM, 2024, Wilkens, 2025).

1. **Customer Acquisition Cost (CAC) für Awareness: Kosten pro geschulte Person**

   Der CAC gibt an, welche Kosten entstehen, um einen Mitarbeitenden erfolgreich in das Awareness-Programm zu integrieren. Die Berechnung ist einfach:

   Gesamtkosten des Awareness-Programms durch Anzahl geschulter Mitarbeitender

   Ein Beispiel: Bei Programmkosten von 50.000 CHF und 250 Mitarbeitenden beträgt der CAC 200 CHF pro Person. Diese Kennzahl hilft dabei, die Effizienz des Programms zu überwachen und Skaleneffekte sichtbar zu machen.
2. **Lifetime Value (LTV): Gesamtnutzen in der Security Awareness**

   Der Gesamtnutzen, den ein Mitarbeitender über seine Verweildauer im Unternehmen generiert. Dabei wird der jährliche Nutzen (eingesparte Kosten durch vermiedene Vorfälle) mit der durchschnittlichen Verweildauer multipliziert.

   LTV = Jährlicher Nutzen pro Mitarbeitenden × Durchschnittliche Verweildauer – CAC

   Der jährliche Nutzen ergibt sich aus den vermiedenen Schadenskosten, die auf alle Mitarbeitenden aufgeteilt werden. Diese langfristige Perspektive macht den nachhaltigen Wert von Investitionen in die Security Awareness sichtbar.
3. **LTV:CAC-Ratio: Rentabilität aufzeigen**

   Das Verhältnis von LTV zu CAC zeigt unmittelbar die Rentabilität des Programms.

   LTV:CAC = LTV/CAC

   Ein Wert über 1 bedeutet, dass der Nutzen die Kosten übersteigt. Aufgrund ihrer präventiven Wirkung sind bei Awareness-Programmen oft sehr hohe Ratios möglich.
4. **Amortisationszeit**

   Die Amortisationszeit gibt an, nach welcher Zeit sich das Awareness-Programm durch eingesparte Kosten selbst finanziert hat.

   Amortisationszeit = Investitionskosten/jährlicher Netto-Nutzen

   Diese Kennzahl ist besonders für das Management relevant, da sie zeigt, wann sich die Investition „auszahlt“.

Durch die Übertragung etablierter Marketing-KPIs auf Security Awareness entsteht eine vertraute Bewertungsgrundlage, die die Wirtschaftlichkeit von Awareness-Programmen für das Management transparent macht und mit anderen Geschäftsinvestitionen vergleichbar.

Praxisbeispiel: KPI-Berechnung im Unternehmen mit 250 Mitarbeitenden
Das folgende Beispiel basiert auf fiktiven Unternehmensdaten und veranschaulicht die wirtschaftliche Bewertung in der Praxis. Folgende Basisdaten bilden die Grundlage für unsere Berechnung:

- Umsatz: CHF 50 Mio.
- Ausfallkosten pro Tag (gerundet): CHF 137.000
- Mitarbeitende: 250
- Angenommene Ausfalldauer bei schwerem Incident: 2 Tage
- Jahreskosten Awareness-Programm: CHF 10.000 (CHF 40 pro Mitarbeitenden)

Schritt 1: Gesamtpotenzial eines schweren Incidents, 2 Tage Ausfall
- CHF 137.000 × 2 Tage = CHF 274.000

Schritt 2: Nutzen durch Risikoreduktion
- Die Annahme ist, dass das Awareness-Programm das Risiko von Sicherheitsvorfällen um 60 % reduziert.
- Gesamtnutzen durch Risikoreduktion: CHF 274.000 × 0,6 = CHF 164.400
- Nutzen pro Mitarbeitende:r: CHF 164.400 ÷ 250 = CHF 660

Schritt 3: Berechnung der wirtschaftlichen KPIs
- CAC: CHF 10.000 ÷ 250 Mitarbeitende = CHF 40 pro Person
- LTV: CHF 660 (jährlicher Nutzen pro Mitarbeitenden)
- LTV:CAC Ratio: CHF 660 ÷ CHF 40 = 16,5:1
- Amortisationszeit: CHF 10.000 ÷ CHF 164.400 = 0,06 Jahre

Für die Auswertung der Zahlen sind einige Ausgangsinformationen erforderlich, darunter Umsatz, Ausfallkosten und eine Abschätzung der Kosten eines Betriebsausfalls. Es ist keine exakte Wissenschaft. Aber sie kann dabei helfen, den Nutzen von Awareness-Programmen zu visualisieren. Dabei sprechen die hier ermittelten Zahlen eine deutliche Sprache: Für jeden investierten Franken werden 16,50 CHF an vermiedenen Schadenskosten erwartet. Das Programm amortisiert sich in weniger als einem Monat (ca. 22 Tage Betriebszeit) und die vermiedenen Kosten von über CHF 164.000 sind nicht zu vernachlässigen.

Ein Betriebsausfall kann natürlich länger andauern oder gar nicht erst eintreten. In der Realität können Awareness-Programme jedoch mehrere kleinere Vorfälle verhindern und zusätzliche Vorteile wie eine verbesserte Compliance, eine höhere Mitarbeiterzufriedenheit und eine gestärkte Unternehmensreputation generieren. Hier beginnt dann auch die Argumentationsarbeit der Verantwortlichen für Awareness.

7.7 Toolkit Argumentarium für das Management

Trotz beeindruckender KPIs und überzeugender Berechnungen erlebte Marcus in Budgetverhandlungen immer wieder die gleichen Einwände: „Security Awareness kostet nur und bringt nichts", „Dafür haben wir keine Zeit" oder „Unsere Experten brauchen das nicht". Er erkannte, dass selbst die besten Zahlen wirkungslos bleiben, wenn sie auf grundsätzliche Widerstände treffen.

Der Grundkonflikt liegt oft in der unterschiedlichen Denkweise „strategisch vs. operativ". Strategische Führungskräfte betrachten Cybersicherheit als Teil der langfristigen Unternehmensstrategie und setzen auf proaktive Risikominimierung. Sie betrachten Security Awareness als Investition, nicht als Kostenfaktor. Operative Führungskräfte priorisieren hingegen kurzfristige Effizienz und betrachten Security-Awareness-Massnahmen als unnötige Ablenkung. Diese Haltung erhöht das Risiko für teure sicherheitsvorfälle langfristig.

Die häufigsten Einwände und bewährte Antworten

Im folgenden Abschnitt finden Sie ein Argumentarium, das Ihnen dabei hilft, auch skeptische Führungskräfte zu überzeugen.

1. **„Security Awareness ist Zeit- und Geldverschwendung."**
   Technik kann viel abfangen, aber Mitarbeitende bleiben das wichtigste Einfallstor. Ohne Schulung sind sie anfällig für Social Engineering, mit dem sich jede technische Massnahme umgehen lässt. Die Kombination aus Technologie und menschlicher Aufmerksamkeit bietet den besten Schutz. Aktuelle Beispiele zeigen, dass 95 % aller erfolgreichen Cyberangriffe mit menschlichem Versagen beginnen.
2. **„Sicherheit ist Aufgabe der IT."**
   Awareness-Programme ergänzen technische Massnahmen perfekt. Geschulte Mitarbeitende bilden eine starke erste Verteidigungslinie. Wenn sie Auf-

fälligkeiten schnell melden, fungieren sie als Frühwarnsystem und ermöglichen es, Gefahren zu erkennen und einzudämmen, bevor grösserer Schaden entsteht.

3. **„Solche Schulungen bringen nichts, das ist nur Compliance-Theater."**

   Die Wirkung ist heute messbar: Phishing-Simulationen, Meldezeiten, Wissensbewertungen und Vorfallanalysen liefern konkrete Daten. Laufende KPIs zeigen Fortschritte bei Verhalten und Risikoreduktion auf, wodurch nachweislich immer weniger teure Schäden verursacht werden.
4. **„Es ist noch nie etwas passiert, warum sollte ich Geld ausgeben?"**

   Eine schadensfreie Zeit beweist jedoch nicht die Abwesenheit von Risiken, sondern zeigt lediglich die Wirksamkeit der Präventionsmassnahmen. Ähnlich wie beim Brandschutz investieren wir in einen sicheren Zustand mit Feuermeldern und Sicherheitseinrichtungen, und das nicht erst, wenn das Feuer ausbricht.
5. **„Das Awareness-Programm ist viel zu teuer!"**

   Awareness funktioniert wie eine Versicherung: Schon ein verhinderter Schaden kann die Programmkosten vieler Jahre ausgleichen. Image- und Vertrauensschäden sind oft noch kostspieliger als direkte finanzielle Verluste, werden in Berechnungen jedoch selten berücksichtigt.

   Hier ist es sinnvoll, eine Berechnung der Amortisation, der Akquisitionskosten und der Lebenswertkosten (CAC, LTV) anzufügen.
6. **„Wir haben keine Zeit für Schulungen."**

   Ein Klick auf einen Phishing-Link erfordert Stunden bis Tage für Reaktion, Aufklärung und IT-Aufwand. Dazu kommen Ausfallzeiten und Imageschäden. Ein fünfminütiger Awareness-Input ist günstiger als ein Tag Incident Response mit versammeltem Krisenstab. Gerade Mitarbeitende unter Zeitdruck sind einem höheren Risiko ausgesetzt und hier setzt Awareness präventiv an.
7. **„Unsere Experten brauchen keine Grundlagenschulungen."**

   Auch Experten haben blinde Flecken ausserhalb ihrer Fachbereiche. Ein Finanzanalyst kennt sich mit Märkten aus, aber nicht zwingend mit Phishing. Zudem sind Experten oft besonders selbstsicher und dadurch verwundbarer für Social Engineering, das genau diese Selbstsicherheit ausnutzt.

7.8 Abschluss

Die wichtigste Erkenntnis zu den Messmethoden ist, dass es nicht die eine perfekte Messmethode gibt. Erfolgreiche Awareness-Messung entsteht durch die Kombination verschiedener Ansätze, die jeweils unterschiedliche Facetten des „Sicherheitsbewusstseins" erfassen. HAIS-Q-Befragungen liefern die wissenschaftliche Fundierung, technische Metriken objektive Verhaltensdaten und wirtschaftliche KPIs die Sprache für die Kommunikation mit dem Management.

Ein durchdachtes Argumentarium kann zudem potenzielle Konfrontationen in konstruktive Gespräche verwandeln und hilft dabei, auch skeptische Führungskräfte zu überzeugen. Der Schlüssel liegt darin, die Bedenken des Managements ernst zu nehmen, mit konkreten Beispielen und Zahlen zu antworten und Security Awareness als das zu positionieren, was es ist: Eine der rentabelsten und risikoärmsten Investitionen in die Zukunft des Unternehmens.

Literatur

Assenza G, Chittaro A, De Maggio MC, Mastrapasqua M, Setola R (2020) A review of methods for evaluating security awareness initiatives. Eur J Secur Res 5(2):259–287. https://doi.org/10.1007/s41125-019-00052-x

Beazley Furlonge Limited (“Beazley”) (2024) , Münchener Rückversicherungs-Gesellschaft Aktiengesellschaft in München (‘Munich Re’) and Arthur J. Gallagher (UK) Limited (“Gallagher”), Cyber Realistic Disaster Scenario Development and Modelling. https://www.beazley.com/contentassets/d5007192106a4c29bd499c0ba99d7dee/whitepaper-systemic-cyber-insurance-industry-losses.pdf

Hubspot.de, Customer Acquisition Cost: So berechnen Sie die CAC (2023). https://blog.hubspot.de/sales/customer-acquisition-cost

Hu S, Hsu C, Zhou Z (2022) Security education, training, and awareness programs: literature review. J Comput Inf Syst 62(4):752–764. https://doi.org/10.1080/08874417.2021.1913671

Janik M, Weber K, Schütz A, Fertig T (2018) Informationssicheres Verhalten automatisiert messen.September 2018 Conference: D-A-CH Security 2018At: Gelsenkirchen Conference Paper

Parsons K, Calic D, Pattinson M, Butavicius M, McCormac A, Zwaans T (2017) The human aspects of information security questionnaire (HAIS-Q): two further validation studies. Comput Secur 66:40–51. https://doi.org/10.1016/j.cose.2017.01.004

Rohan R, Pal D, Hautamäki J, Funilkul S, Chutimaskul W, Thapliyal H (2023) A systematic literature review of cybersecurity scales assessing information security awareness. Heliyon 9(3). https://doi.org/10.1016/j.heliyon.2023.e14234

Was ist Customer Lifetime Value (CLV)?|IBM (2024). https://www.ibm.com/de-de/think/topics/customer-lifetime-value

Wilkens P (2025) ROIC (return on invested capital)—Erklärung & Berechnung. DeltaValue.de, https://www.deltavalue.de/roic-return-on-invested-capital/

Konzept, Journey und Abschluss

8

8.1 Abstract

Viele Verantwortliche für das Thema Bewusstsein verfügen über einen gut sortierten Werkzeugkasten voller nützlicher Massnahmen, haben jedoch keinen Bauplan für das Haus, das sie errichten wollen. Sie springen von einer Aktivität zur nächsten, ohne diese systematisch aufeinander aufzubauen. Das Ergebnis sind fragmentierte Programme, die trotz der hohen Qualität der Einzelmassnahmen ihr volles Potenzial nicht entfalten.

Hier setzt das folgende Kapitel an. Der PDCA-Zyklus zeigt, wie Massnahmen zur Sensibilisierung systematisch geplant, umgesetzt, geprüft und optimiert werden können. Das 5-Phasen-Modell der Security Awareness Journey bietet auf Makroebene einen strukturierten Fahrplan vom ersten Konzept bis hin zu einer nachhaltigen Sicherheitskultur. Ergänzt wird dies durch praktische Ansätze zur Integration in bestehende Unternehmenszyklen.

Das Ziel dieses Buches ist es, Verantwortlichen für Security Awareness praxiserprobte Informationen zu vermitteln, die sonst nur schwer zugänglich sind oder nur anhand von Praxiserfahrung erkennbar werden. Es versteht sich als Beitrag zur wachsenden Bewegung, die Unternehmen und Menschen jeden Tag ein Stückchen sicherer macht.

J. Wick, *Security-Awareness-Tools*,
https://doi.org/10.1007/978-3-658-51112-8_8

8.2 Einführung

Sie machen einen Jahresrückblick und schauen auf eine beeindruckende Liste von Awareness-Aktivitäten zurück. Sie haben mehrere Phishing-Simulationen durchgeführt, E-Learning-Module ausgerollt, Events organisiert und Newsletter verschickt. Die Teilnahmeraten stimmen, das Feedback ist positiv und sogar die KPIs zeigen Verbesserungen. Und doch bleibt ein nagendes Gefühl, dass noch etwas fehlt.

Vielleicht liegt es an der Frage des CISO: „Wo stehen wir eigentlich strategisch mit unserem Awareness-Programm?" Oder an den Rückmeldungen aus der Belegschaft: „Wir haben ständig irgendwelche Security-Schulungen, aber der Zusammenhang erschliesst sich mir nicht." Möglicherweise ist es auch das Gefühl, permanent zu reagieren statt zu agieren. Auf neue Bedrohungen, Compliance--Anforderungen oder interessante Tools, die Ihnen empfohlen werden.

Das Problem ist weit verbreitet: Viele Awareness-Verantwortliche verfügen über einen gut sortierten Werkzeugkasten voller nützlicher Massnahmen, haben jedoch keinen Bauplan für das Haus, das sie errichten wollen. Sie springen von einer Aktivität zur nächsten, ohne diese systematisch aufeinander aufzubauen. Das Ergebnis sind fragmentierte Programme, die trotz der hohen Qualität der Einzelmassnahmen ihr volles Potenzial nicht entfalten.

Die Ursache liegt nicht in mangelndem Engagement oder schlechten Inhalten, sondern in der fehlenden strategischen Programmplanung. Einzelaktivitäten, so gut sie auch sein mögen, ergeben noch kein kohärentes Ganzes. Was fehlt, sind bewährte Managementmethoden für eine systematische Planung und kontinuierliche Verbesserung.

Hier setzt das folgende Kapitel an. Der PDCA-Zyklus zeigt, wie Sie Ihre Massnahmen zur Sensibilisierung systematisch planen, umsetzen, überprüfen und optimieren können. Das 5-Phasen-Modell der Security Awareness Journey bietet einen strukturierten Fahrplan auf Makroebene: Vom ersten Konzept bis hin zu einer nachhaltigen Sicherheitskultur. Ergänzt wird dies durch praktische Ansätze zur Integration in bestehende Unternehmenszyklen.

Das Ziel besteht darin, aus reaktivem „Awareness-Aktivismus" strategische Kulturarbeit mit nachhaltiger Wirkung zu machen.

8.3 Toolkit Awareness-Journey

Sie beginnen als neue Awareness-Verantwortliche in einem Unternehmen. Ihr Vorgänger hat Ihnen einen Ordner mit verschiedenen Materialien hinterlassen: einige E-Learning-Module, Präsentationsfolien von Security-Events, Ergebnisse alter Phishing-Tests und diverse Policy-Dokumente. Gleichzeitig erwartet das Management „endlich ein professionelles Awareness-Programm" und die IT-Abteilung drängt auf „mehr Schulungen für die Mitarbeitenden".

Wo fangen Sie an? Mit einer grossen Awareness-Kampagne? Mit neuen E--Learnings? Oder mit Phishing-Simulationen?

Security Awareness Journey: 5-Phasen-Modell

Hier kommt das 5-Phasen-Modell der Security Awareness Journey ins Spiel. Es verhindert, dass zu früh mit Massnahmen begonnen wird, bevor die Grundlagen gelegt sind, und hilft einzuschätzen, in welcher Phase man sich befindet. So wird sichergestellt, dass jede Phase auf der Vorherigen aufbaut:

Die Security Awareness Journey auf Abb. 8.1 verläuft in fünf aufeinander aufbauenden Phasen, die sich an einem Reifegradmodell orientieren. Sie basiert auf dem bewährten Prinzip der kontinuierlichen Verbesserung, dem sogenannten PDCA-Zyklus (auch Deming-Kreis genannt, Walter A. Shewhart, 1939). Dieses Instrument aus der Qualitätskontrolle beschreibt die systematische Optimierung von Prozessen in vier Phasen: Planen (Plan), Umsetzen (Do), Überprüfen (Check) und Handeln (Act).

In der Security Awareness bedeutet das:

1. Zunächst wird eine Massnahme mit klaren Zielen und Messgrössen geplant (z.B. die Phishing-Klickrate von 23 % auf 14 % senken)
2. Anschliessend wird die Massnahme testweise umgesetzt (z. B. ein Phishing-Training für eine Abteilung).
3. Danach wird die Wirkung überprüft (z.B. eine Phishing-Simulation nach einigen Wochen) und entsprechend gehandelt (bei Erfolg die Massnahme ausweiten, bei Misserfolg das Training verbessern)

Dieser iterative Ansatz durchzieht alle fünf Phasen der Journey und sorgt für kontinuierliche Optimierung statt starrer Programmabarbeitung.

Security Awareness Journey

10
Einstieg: Inventar & Konzept

Was benötigen wir? Wo stehen wir aktuell? Wie gehen wir vor?

- Risiko analysieren
- Zielgruppen analysieren
- Persona erstellen
- Prüfen ob Richtlinien verständlich formuliert sind
- Reifegrad abschätzen
- Ziele des Programmes festlegen
- Vorschlag Jahresplan ausarbeiten
- Budget ausarbeiten

30
Management Buy-in & Reifegrad

Unterstützt das Management Security Awareness aktiv? Gibt es KPIs & Budget?

- Wirtschaftliche KPI erfassen (LTV, CAC, ROI, Amortisationszeit)
- Budget aushandeln
- Reifegrad ermitteln (Verhalten, Wissen, Einstellung)
- Security Council erstellen

50
Trainings & Schulungen

Sind passende, aktuelle Schulungsangebote vorhanden? Haben wir Trainings für Zielgruppen?

- 5 Fragen analysieren (Was, Wie, Wann, Anreize, Barrieren)
- Alle verfügbaren Kanäle nutzen
- Wichtigste Inhalte abdecken: Richtlinien, Prozesse, Passwortverwaltung, soziale Medien, E-Mail, Internet, Datenzugriff und Umgang mit Informationen, Meldung von Vorfällen, Aktualisierung und Sicherung von Geräten, individuelle Verantwortlichkeiten, Künstliche Intelligenz

70
Engagement & Branding

Gibt es Interaktion & positive Wahrnehmung?

- Marke der Security Awareness definieren und prägen
- Branding und Storytelling kreieren mit Maskottchen, Motto und Farben
- Gamifizierungs-Kampagnen erstellen (z.B. Oktober-Awareness-Month, Challenges, Wettbewerbe, Quizzes mit Preisen)
- Phishing-, Social Engineering-Simulationen durchführen
- Veranstaltungen durchführen für Feedback und direkten Kontakt

100
Sicherheitskultur entwickeln

Wurde das Awareness-Programm in den letzten 12 Monaten erweitert oder verbessert? Wie ist der Lernerfolg?

- Security Champions Programm schaffen
- Psychologische Sicherheit und Fehlerkultur etablieren
- Reifegrad re-evaluieren (Verhalten, Wissen, Einstellung, KPI)
- Programm Folgejahr adjustieren (PDCA)

Abb. 8.1 Die Security Awareness Journey: Ein 5-Phasen-Modell

1. **Phase 1: Einstieg – Inventar & Konzept**
   Bevor die erste Awareness-Aktivität gestartet wird, sollte der aktuelle Stand systematisch analysieret werden. In dieser Phase werden Risiko-, Zielgruppen- und Persona-Analysen (siehe Kapitel „Zielgruppen und Personas“) durchgeführt und auf die Verständlichkeit der Richtlinien geprüft. Gleichzeitig wird der organisationale Reifegrad eingeschätzt, klare Ziele für das Awareness-Programm definniert und einen ersten Jahresplan mit einem realistischen Budgetvorschlag erstellt. Am Ende dieser Phase verfügt man über eine solide Datenbasis und eine Strategie.
2. **Phase 2: Management Buy-in & Reifegrad-Erfassung**
   Der Erfolg des Programms hängt massgeblich von der Unterstützung des Managements ab. In dieser Phase wird das Budget verhandelt, wirtschaftliche Kennzahlen präsentiert (LTV, CAC, ROI, siehe Kapitel „Messbarkeit und

Management-Reporting") und ein Security Council gegründet (siehe Kapitel „Sicherheitskultur"), um die Führungskräfte von Anfang an einzubeziehen. Nach der Budgetzusage wird der Reifegrad systematisch erfasst, der sich aus Verhalten, Wissen und Einstellung ergibt, etwa durch HAIS-Q-Befragungen (siehe Kapitel „HAIS-Q Befragungen: Wissen, Einstellung und Verhalten messen"). Dies schafft die messbare Ausgangslage für alle folgenden Aktivitäten.

3. **Phase 3: Trainings & Schulungen implementieren**

   Nun werden die konkreten Inhalte umgesetzt. Dabei werden die fünf Kernfragen des effektiven Lernens beantwortet: Was sollen die Mitarbeitenden lernen? Wie vermitteln Sie es am besten? Wann ist der optimale Zeitpunkt? Welche Anreize motivieren zur Teilnahme? Welche Barrieren müssen Sie abbauen? (siehe Kapitel „Schulungsformate und digitale Lernmethoden"). Sie nutzen alle verfügbaren Kanäle und decken dabei zentrale Themen wie Passwortverwaltung, Internetnutzung, soziale Medien, Datenzugriff und künstliche Intelligenz systematisch ab.
4. **Phase 4: Engagement & Branding aufbauen**

   Für eine nachhaltige Sicherheitskultur reichen Trainings allein nicht aus. In dieser Phase soll Security Awareness emotional erlebbar gemacht werden. Eine eigenständige Awareness-Marke mit Storytelling, einem Maskottchen, einheitlichen Farben und Gamification-Kampagnen (siehe Kapitel „Brand Awareness, Marketing und Kommunikation") soll entstehen. Phishing-Simulationen, Veranstaltungen und interaktive Formate (siehe Kapitel „Interaktive und spielerische Ansätze") fördern die aktive Teilnahme und ermöglichen einen Dialog mit den Mitarbeitenden.
5. **Phase 5: Sicherheitskultur nachhaltig entwickeln**

   In der finalen Phase wird die langfristige Wirkung gesichert und Kontinuität hergestellt. In dieser Phase werden Security Champions als Multiplikatoren etabliert, die psychologische Sicherheit und eine lernorientierte Fehlerkultur stärken (siehe Kapitel „Sicherheitskultur"). Anschliessend wird der Reifegrad erneut bewertet, um Fortschritte zu dokumentieren und neue Ziele zu definieren. So entwickelt sich das Programm kontinuierlich weiter und wird zu einem selbstverständlichen Teil der Unternehmenskultur.

Wichtig dabei ist, dass die Security Awareness Journey kein starres Schema ist. Sondern ein flexibler Rahmen. Je nach Organisationsgrösse, vorhandenem Reifegrad und verfügbaren Ressourcen können Phasen verkürzt, verlängert oder teilweise parallel durchgeführt werden.

Die Security Awareness Journey verwandelt die oft überwältigende Aufgabe „Sicherheitskultur aufbauen" in einen strukturierten, messbaren Prozess mit klaren Meilensteinen und gibt die Sicherheit, zur richtigen Zeit die richtigen Massnahmen zu ergreifen.

8.4 Toolkit Integration in Unternehmenszyklen

Im Winter verreisen viele Schweizer:innen in die Sonne. So müssen sie nicht so lange in der Dunkelheit ausharren. Dann sind da noch die Eltern, die in den Sommerferien mit Familienaktivitäten besonders beschäftigt sind. Im Januar nehmen sich einige den „Dry January" vor und achten mit guten Vorsätzen auf ihre Gesundheit. Im Frühjahr wird der Frühjahrsputz gemacht und im Sommer wird gefeiert. Das Leben wird von den Jahreszeiten beeinflusst. Wieso sollte sich der Security-Awareness-Kalender nicht auch daran orientieren, wie aufnahmefähig und offen die Leute zu diesen Zeiten für gewisse Themen sind? Security Awareness ist dann am wirksamsten, wenn sie nahtlos in die bestehenden Unternehmensabläufe integriert ist, statt als separates „Add-on" wahrgenommen zu werden. Mögliche Anhaltspunkte für eine solche Integration in die Unternehmenszyklen sind:

Einführung neuer Systeme: Jede Einführung neuer IT-Systeme oder Software birgt Sicherheitsrisiken, bietet aber auch die Chance, das Bewusstsein zu schärfen. Werden die Verantwortlichen für das Bewusstsein für Sicherheit (Awareness) bereits in der Planungsphase einbezogen, können sie potenzielle Schwachstellen frühzeitig identifizieren und passende Schulungen entwickeln. Gleichzeitig erhalten sie über Rückmeldungen der Mitarbeitenden wertvolles Feedback, wenn Prozesse zu komplex oder unklar sind. Diese Feedback-Schleifen sind ein wichtiger Baustein der Sicherheitskultur.

Jahresfahrplan: Ein gut durchdachter Jahresfahrplan nutzt die natürlichen Aufmerksamkeitszyklen und vermeidet Überschneidungen mit anderen Unternehmensprioritäten. Besonders bewährt haben sich die folgenden Zeitfenster:

- Der Oktober eignet sich als „Cybersecurity Awareness Month" besonders gut für grosse Kampagnen, da das Thema zu dieser Zeit bereits in den Medien präsent ist.
- Der Dezember ist perfekt für spielerische Formate wie einen Security-Adventskalender mit 24 kleinen Sicherheitstipps geeignet.
- Der Januar ist traditionell ruhiger und somit ideal für Baseline-Messungen und Planungsaktivitäten.
- Für Aktivitäten im Frühjahr bieten sich der April und der Mai an, etwa mit dem Motto „Frühjahrsputz für die digitale Sicherheit" oder einer Oster-Aktivierung mit Geschenken.
- Ferien: Bei der Eventplanung sollten die Sommerferienzeiten immer berücksichtigt und regelmässige Zyklen genutzt werden.

Einerseits ist der Jahresplan für die Awareness einfacher zu gestalten, wenn regelmässige Inhalte eingeplant werden. Andererseits hilft er auch, die Erwartungen der Mitarbeitenden zu handhaben. Dazu gehören Kampagnenstarts und -erfolge, die regelmässig kommuniziert werden, sowie die monatliche Kür von Gewinner:innen und der Versand von Newslettern im festen Rhythmus. Diese Kontinuität macht Security Awareness zu einem selbstverständlichen Teil des Arbeitsalltags. Erfolgreiche Security Awareness stört nicht den Unternehmensablauf, sondern wird zu einem natürlichen Bestandteil.

8.5 Ausblick auf Awareness mit Künstlicher Intelligenz

Die Zukunft der Awareness ist hyperpersonalisiert. Jeder der 500 Mitarbeitenden erhält ein auf sein Risikoprofil, seinen Wissensstand und seinen Lerntyp zugeschnittenes Awareness-Training. Ein Buchhalter erhält beispielsweise speziell auf Finanz-Phishing ausgerichtete Szenarien, während ein Aussendienstmitarbeiter mobile Sicherheitsthemen im Fokus hat. Das Training passt sich automatisch an: Wer schnell lernt, erhält komplexere Herausforderungen, wer Schwierigkeiten hat, bekommt zusätzliche Unterstützung.

Was nach Science-Fiction klingt, ist durch KI bereits heute möglich. Künstliche Intelligenz revolutioniert den Ansatz der Security Awareness: Weg vom „One-Size-Fits-All", hin zu hochpersonalisierten, adaptiven Programmen, die sich in Echtzeit an jeden einzelnen Lernenden anpassen.

Zwar wird das Thema KI in dem Buch nicht behandelt, dennoch ist klar, dass KI zukünftig einen Einfluss auf Security-Awareness-Aktivitäten haben wird. So könnten KI-Systeme beispielsweise individuelle Lernpfade erstellen, das Lernverhalten analysieren und die optimalen Trainingsformate sowie Zeitpunkte identifizieren.

Bereits heute erleichtern KI-gestützte Werkzeuge wie Chatbots, realistischere Phishing-Simulationen und kontinuierliche Verhaltensbewertungen die Arbeit der Verantwortlichen für Security Awareness. Dadurch wird der Alltag der Fachleute erleichtert, da KI sie bei der Erstellung von Inhalten, der Zielgruppensegmentierung und der Optimierung von Kampagnen unterstützt, während sie sich stärker auf strategische Kulturarbeit und zwischenmenschliche Beziehungen konzentrieren können.

Für Verantwortliche im Bereich Security Awareness bedeutet das, dass sie ihren Horizont bezüglich dieser Tools unbedingt offen halten und die Gefahren im Blick haben sollten. Die Zukunft der Security Awareness wird spannend. Nicht, weil alles neu wird, sondern weil bewährte Methoden effizienter und skalierbarer werden.

8.6 Abschluss

Die Cybersicherheitslandschaft verändert sich rasant: Neue Bedrohungen entstehen, Technologien entwickeln sich weiter und Arbeitsweisen wandeln sich. Was heute noch als Best Practice gilt, kann morgen schon überholt sein. Awareness-Verantwortliche müssen daher kontinuierlich lernen, experimentieren und sich anpassen.

Awareness-Verantwortliche arbeiten aber oft als Einzelkämpfer:innen in ihren Organisationen. Dabei ist gerade dieser Bereich von Austausch, gemeinsamen Erfahrungen und kontinuierlichem Lernen geprägt. Was in einem Unternehmen funktioniert, kann, angepasst, auch anderswo erfolgreich sein. Welche Stolpersteine andere bereits umschifft haben, muss nicht jede:r neu entdecken.

Die Autorin empfiehlt es jeder und jedem sich in solchen Communities zu betätigen und aktiv zu werden. Wer sich aktiv in diese Netzwerke einbringt, bleibt nicht nur auf dem neuesten Stand, sondern trägt auch zur Weiterentwicklung des gesamten Fachbereichs bei.

In der Schweiz und international haben sich aktive Awareness-Communities gebildet, die mehr bieten als nur gelegentlichen Erfahrungsaustausch. Bei Veranstaltungen, Roundtables und Online-Foren treffen sich Menschen, die eine gemeinsame Mission verbindet: den Faktor Mensch in der Cybersicherheit zu stärken. Diese Netzwerke sind Ideenschmieden, Problemlöser und Motivationsquellen zugleich.

Der Austausch reicht von praktischen Tipps („Welche Phishing-Simulationen funktionieren bei euch?“) über strategische Fragen („Wie überzeugt ihr skeptische Führungskräfte?“) bis hin zu neuen Trends und Technologien. Dabei entstehen oft die besten Lösungen durch die Kombination verschiedener Ansätze und Perspektiven.

Das Ziel dieses Buches war es, Awareness-Verantwortlichen praxiserprobte Informationen zu vermitteln, die sonst nur schwer zugänglich sind. Es versteht sich als Beitrag zur wachsenden Bewegung, die Unternehmen und Menschen jeden Tag ein Stückchen sicherer macht.

Literatur

Statistical Method from the Viewpoint of Quality Control. By Walter A. Shewhart, Ph.D. Washington: The Graduate School, Department of Agriculture, 1939. Supplement to the Journal of the Royal Statistical Society, Volume 7, Issue 1, January 1941, Pages 86–87, https://doi.org/10.2307/2983634Statistical Method from the Viewpoint of Quality Control (1941) Suppl J R Stat Soc 7(1):86–87. https://doi.org/10.2307/2983634

Zeitfracht Medien GmbH
Ferdinand-Jühlke-Straße 7
99095 Erfurt, Deutschland
produktsicherheit@kolibri360.de